ネットワーク管理に使う

# WMI

PowerShellによるWindowsマシン管理

嶋貫健司●著

■**サンプルファイルのダウンロードについて**

　本書掲載のサンプルファイルは、一部を除いてインターネット上のダウンロードサービスからダウンロードすることができます。詳しい手順については、本書の巻末にある袋とじの内容をご覧ください。

　なお、ダウンロードサービスのご利用にはユーザー登録と袋とじ内に記されている番号が必要です。そのため、本書を中古書店から購入されたり、他者から貸与、譲渡された場合にはサービスをご利用いただけないことがあります。あらかじめご承知おきください。

本書で取り上げられているシステム名／製品名は、一般に開発各社の登録商標／商品名です。本書では、™ および ® マークは明記していません。本書に掲載されている団体／商品に対して、その商標権を侵害する意図は一切ありません。本書で紹介している URL や各サイトの内容は変更される場合があります。

# はじめに

　wmic を初めて見たとき、これは便利なものができたなと思った。しばらくはうまいこと応用できないものかとジタバタしていたが、結局は wmic を投げ出して WSH ＋ VBScript で WMI を直接触ることになった。ところが、この WSH と VBScript はとんでもない曲者だ。WMI も調べてみようにもとにかく情報が少ない。濃霧で鉄砲を撃つような手当たり次第のやり方で何とか使い物になるスクリプトを書いたりしていたし、肝心のところで C++ に頼る羽目になったりしていた。WMI の仕組みを調べるのはなかなか面倒くさいことだったので、その時に必要な部分的理解で済ませてしまっていた。WMI がシステム管理全般の役に立つことはわかっていたのに、全体的な理解をするのは避けていたのだ。

　PowerShell が出たばかりのころ、WMI とのつながりには気づいていなかった。CUI でオブジェクトって何だろうと、懐疑的になめてみて敬遠気味だったのもある。PowerShell 2.0 になってから、何の気なしにヘルプを見ていて、Get-WmiObject を見つけた。使ってみた。便利だった。WMI がどのようにできているかを理解することができた。いろいろもやもやしていたことがはっきりした。

　WMI はそれ自身が自ら何者であるかを示すことができる作りになっている。Google 翻訳と仲良くしながら英語の技術文書をあさる必要は少ない。現物を確かめながら理解していけばいい。なんとなくあっちをつつきこっちをつつきして確かめるのも、PowerShell なら対話的に進めていけるので能率的だ。

　そんなわけで、WMI とネットワークと PowerShell という三つを軸に本書をまとめてみた。至らぬところは多々あるが、WMI とネットワークと VBScript で壁にぶつかっている人の一助となれば幸いである。

# 目　次

はじめに .................................................................................. iii

## ■ 第1章　準　備 ..................................................................... 1

1.1　ネットワーク管理者にとっての WMI ......................................... 2

1.2　前提条件 ....................................................................... 3

1.3　グループポリシーで WMI によるリモート管理を可能にする ...... 4

1.4　PowerShell の使い方 ....................................................... 8

## ■ 第2章　WMI について ........................................................ 11

2.1　WMI は役に立つ？ .......................................................... 12

2.2　WMI の機能を確認してみよう ............................................ 17

2.3　Get-WmiObject でリモートマシンに接続する ....................... 26

## ■ 第3章　WMI を調べものに使う ........................................... 33

3.1　PowerShell コマンドレットに慣れる ................................... 34

3.2　ネットワーク設定を見る .................................................... 38

　　3.2.1　Win32_NetworkAdapter ......................................... 38

　　　　■ Win32_NetworkAdapter のプロパティ ................................. 39

　　　　■ Win32_NetworkAdapter のメソッド ..................................... 46

　　　　■ Win32_NetworkAdapter の活用例 ....................................... 51

　　3.2.2　Win32_NetworkAdapterConfiguration ...................... 52

　　　　■ Win32_NetworkAdapterConfiguration のプロパティ ............... 53

　　　　■ Win32_NetworkAdapterConfiguration のメソッド .................. 63

　　　　■ Win32_NetworkAdapterConfiguration の活用例 .................... 76

　　3.2.3　Win32_NetworkAdapterSetting ............................... 82

　　3.2.4　Win32_IP4PersistedRouteTable .............................. 83

　　　　■ Win32_IP4PersistedRouteTable のプロパティ ....................... 83

　　3.2.5　Win32_IP4RouteTable ........................................... 84

　　　　■ Win32_IP4RouteTable のプロパティ .................................... 85

| | | | |
|---|---|---|---|
| | 3.2.6 | Win32_ActiveRoute | 87 |
| | | ■ Win32_ActiveRoute のプロパティ | 87 |
| | 3.2.7 | Win32_IP4RouteTableEvent | 88 |
| | 3.2.8 | Win32_NetworkClient | 88 |
| | 3.2.9 | Win32_NetworkProtocol | 89 |
| | | ■ Win32_NetworkProtocol のプロパティ | 90 |
| | 3.2.10 | Win32_ProtocolBinding | 96 |
| | | ■ Win32_ProtocolBinding のプロパティ | 96 |
| **3.3** | **共有に関する情報を調べる** | | **97** |
| | 3.3.1 | Win32_ServerConnection | 97 |
| | | ■ Win32_ServerConnection のプロパティ | 97 |
| | 3.3.2 | Win32_ServerSession | 99 |
| | | ■ Win32_ServerSession のプロパティ | 99 |
| | 3.3.3 | Win32_ConnectionShare | 101 |
| | | ■ Win32_ConnectionShare のプロパティ | 101 |
| | 3.3.4 | Win32_PrinterShare | 101 |
| | | ■ Win32_PrinterShare のプロパティ | 101 |
| | 3.3.5 | Win32_SessionConnection | 102 |
| | | ■ Win32_SessionConnection のプロパティ | 102 |
| | 3.3.6 | Win32_Share | 102 |
| | | ■ Win32_Share のプロパティ | 103 |
| | | ■ Win32_Share のメソッド | 104 |
| **3.4** | **Microsoft DNS の情報** | | **108** |
| | 3.4.1 | MicrosoftDNS_Server | 109 |
| | | ■ MicrosoftDNS_Server のプロパティ | 109 |
| | | ■ MicrosoftDNS_Server のメソッド | 117 |
| | 3.4.2 | MicrosoftDNS_Domain | 118 |
| | | ■ MicrosoftDNS_Domain のプロパティ | 118 |
| | | ■ MicrosoftDNS_Domain のメソッド | 118 |
| | 3.4.3 | MicrosoftDNS_Zone | 119 |
| | | ■ MicrosoftDNS_Zone のプロパティ | 119 |
| | | ■ MicrosoftDNS_Zone のメソッド | 122 |
| | 3.4.4 | MicrosoftDNS_Cache | 125 |
| | | ■ MicrosoftDNS_Cache のメソッド | 125 |
| | 3.4.5 | MicrosoftDNS_RootHints | 126 |
| | | ■ MicrosoftDNS_RootHints のメソッド | 126 |
| | 3.4.6 | MicrosoftDNS_Statistic | 126 |
| | | ■ MicrosoftDNS_Statistic のプロパティ | 127 |
| | 3.4.7 | MicrosoftDNS_ServerDomainContainment | 128 |
| | | ■ MicrosoftDNS_ServerDomainContainment のプロパティ | 128 |
| | 3.4.8 | MicrosoftDNS_DomainDomainContainment | 129 |
| | | ■ MicrosoftDNS_DomainDomainContainment のプロパティ | 129 |

3.4.9 MicrosoftDNS_DomainResourceRecordContainment................. 129
　　■ MicrosoftDNS_DomainResourceRecordContainment のプロパティ129
3.4.10 MicrosoftDNS_ResourceRecord.................................................. 130
　　■ MicrosoftDNS_ResourceRecord のプロパティ .................................130
　　■ MicrosoftDNS_ResourceRecord のメソッド ...................................131
　　■ MicrosoftDNS_ResourceRecord のサブクラス ................................132

## 3.5 ファイアウォールの情報 ........................................................ 137

## 3.6 その他の情報 ...................................................................... 148
3.6.1 Win32_NTDomain ................................................................... 148
　　■ Win32_NTDomain のプロパティ ..................................................148
3.6.2 Win32_PingStatus .................................................................. 151
　　■ Win32_PingStatus のプロパティ ..................................................152

# ■ 第4章　スクリプトの基本形 ..................................... 155

## 4.1 スクリプトの出だし ............................................................ 157

## 4.2 パラメーターの処理 ............................................................ 158
　　■ VBScript のパラメーター処理 .....................................................158
　　■ PowerShell のパラメーター処理 ..................................................159

## 4.3 WMI を使う方法 ................................................................ 161

## 4.4 WMI による変更 ............................................................... 169

## 4.5 PowerShell 的スクリプトの基礎 ......................................... 191

索　引 ...................................................................................... 204

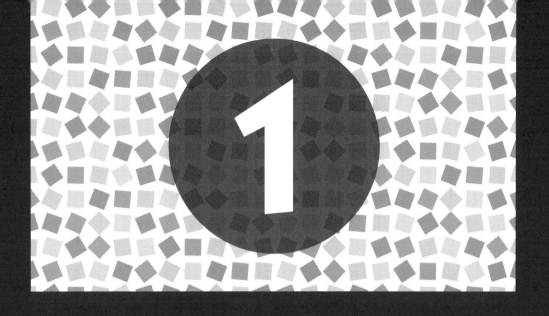

# 準備

第 1 章 準 備

## 1.1
# ネットワーク管理者にとっての WMI

　ネットワーク管理者の仕事の対象は、サーバーやクライアントといったコンピューターではなく、配線だったりハブだったりスイッチだったりルーターだったり外部接続回線だったりするわけで、作業対象が Windows マシンであることはそれほどないかもしれない。ネットワークの物理構成と論理構成の設計・保守・管理が仕事の中心となるし、LAN ケーブルを引きずって回るような仕事もある。非常に職域の分担がはっきりしているシステム部門では、ネットワーク管理者が日常的に Windows マシンに対して何かする機会はそれほどないだろう。

　そういう意味ではネットワーク管理者に Windows Management Instrumentation つまり WMI は必要ない。WMI はあくまでも Windows という OS とそれが動作するマシンそのものを管理するための仕組みであって、ネットワークをどうこうするための代物ではないからだ。WMI など学んでいる暇があったら CISCO だけではなくて Brocade のスイッチのお勉強でもしておいた方がましだと考えるかもしれない。

　だが、しかしである。

　システム部門の中である程度は垣根を越えて協調しなければならない局面はある。システム構築部門やシステム運用部門ではサーバーとなるマシンにのみ注力することが多く、アプリケーション開発においてネットワーク的要素はほとんど顧みられない。ある程度の規模があってセキュリティ部門が独立して機能している場合はいざ知らず、分業が十分できない規模のシステム部門の場合は、ネットワーク管理者に個別のクライアントマシンのパーソナルファイヤウォールの構成やセキュリティパッチ適用状況の管理のようなセキュリティ的お仕事が任されるケースが少なくない。

　それなりに分業がされている場合でも、クライアントやサーバーのネットワーク的情報のとりまとめを要求されることもある。広範囲にわたる包括的な情報収集は力技でこなせる分量をはるかに超える場合が多い。

　しかも、あなたが管理しているネットワークに Windows マシンがないということはほとんどありえない。業務サーバーとして利用されていなくても、クライアントマシンとして、管理端末として、WSUS やウイルス対策用の管理サーバーとして、何かが必ず存在している。

2

Windows マシンは、ファイアウォールやルーターとして使用することができる。その場合は、遠隔地から設定を更新したり、統計情報を取得したり、ログを確認できたら都合がいい。これも、対象マシンが数台であれば、mmc やイベントビューワーを使って GUI で操作しても支障はないが、対象のマシンが増えてくると GUI は何かと煩わしくなってくるものである。

本書では、そんなリアルなネットワーク管理者のニーズに合う WMI の活用法を紹介してみよう。

## 1.2
## 前提条件

前提条件はクライアントである Windows マシンが Active Directory 下にある業務ネットワークであることと、あなたが Domain Admins グループ相当の権限を持つユーザーであることだ。Network Configuration Operators グループではほとんど何も実行できないので要注意だ。

Active Directory が Windows Server 2012 で構成されている場合は、WinRMRemote WMIUsers__ グループでも利用できる。ただし、グループポリシーに対する操作や構成を変更するような操作の多くはできない。

Active Directory を使用しない環境では、対象となるマシンの管理権限があるユーザーを持っている必要がある。特定のサーバーマシンにだけ機能すればいいならば、ドメインの管理権限ではなく対象マインのローカルの Administrators グループに自分を追加しておくという手もあるが、対象となるマシンが増えれば現実的な解決策ではなくなる。また、ドメインに参加していない、つまりワークグループのマシンでは、そのマシン上では実行が可能なものでもリモートから WMI を使った操作はできない。どうしても必要な場合は、リモートスクリプトや winrm を使ったリモート管理を使用する必要がある。

# 1.3 グループポリシーで WMI によるリモート管理を可能にする

　Active Directory のドメイン管理者として「コントロールパネル」にある「管理ツール」から「グループポリシーの管理」を起動する。

**図1.1●グループポリシーの管理**

## 1.3　グループポリシーでWMIによるリモート管理を可能にする

　管理対象のドメインの「グループポリシー」の「標準グループポリシー」を右クリックして「編集」を選択すると、グループポリシー管理エディターが開く。

**図1.2●「標準グループポリシー」の「編集」**

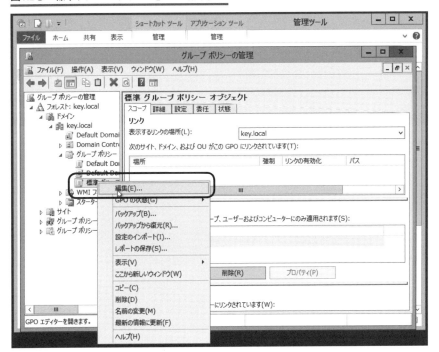

# 第1章 準備

　左側のツリーで「コンピューターの構成」、「ポリシー」、「管理テンプレート」、「ネットワーク」、「ネットワーク接続」、「Windows ファイアウォール」、「ドメインプロファイル」と開いていって、右のペインで「Windows ファイアウォール：着信リモート管理の例外を許可する」をダブルクリックする。

**図1.3●グループポリシー管理エディター**

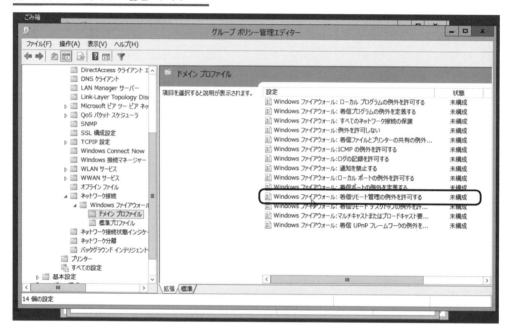

「有効」を指定する。「要請されない着信メッセージを許可する IP アドレス」に管理マシンのあるネットワークセグメントを追加してから、「OK」ボタンをクリックする。この欄を空白にしておくと、経路があるネットワーク上のすべてのマシンから着信を受け付けてしまう。

**図1.4●Windowsファイアウォール：着信リモート管理の例外を許可する**

ドメインのグループポリシーが適用されると、ドメインに参加している Windows マシンの WMI を利用することができるようになる。グループポリシーが適用されるまでに少し時間がかかる場合がある点は要注意である。クライアントマシン側でユーザーがログインするまではまったく適用されないかもしれないので、通常ユーザーがログインしないサーバーマシンではリモートデスクトップでログインしてみるのがお勧めだ。

ログインして「セキュリティが強化された Windows ファイアウォール」の着信の規則に「リモート管理」が追加され有効になっていれば OK だ。この段階で有効になっていなければコマンドプロンプトを管理者として実行して、gpupdate /forceを実行してグループポリシーを更新しよう。

第 1 章 準 備

　ワークグループ環境の Windows マシンでは操作する側から一方的に WMI によるリモート管理を利用することはできない。管理される側のマシンで受け入れ準備する必要があるので後ほど紹介しよう。

## 1.4
# PowerShell の使い方

　WMI を手軽に操作するツールとして、PowerShell は最も頼りになる存在である。そこで、ここで少しだけ簡単に使い方を解説しておこう。Windows Server 2012 ではデフォルトのコマンドシェルになっているし、その Server Core インストールならそもそも使えるものはコマンドプロンプトと PowerShell しかない。Windows 7 および Windows Server 2008 R2 からは標準搭載されている。

　基本はコマンドプロンプトとほぼ同じ外観で、同じコマンドがほぼそのまま使えるので、コマンドプロンプトの青くなっただけのものと思っている人もいるかもしれないが、実質はかなり違う。PowerShell のコマンドはコマンドレットと呼ばれる。従来の cmd.exe の内部コマンドは、同様の出力を行うコマンドレットへのエイリアスとして登録されている。CUI として実装されているので出力は一見テキストに見えるが、その実態はオブジェクトデータになっている。そのため、たとえば「dir」としたときの出力はディレクトリやファイルの名前を表しているだけでなく、そのディレクトリやファイルそのものを操作できるだけの情報を含んでいる。それゆえに、コマンドレットをパイプで連結して目的を達成するのは、PowerShell のスタイルになる。カレントディレクトリのファイル test.txt を削除したいなら、

```
PS C:\code\wmi> dir test.txt | Remove-Item
```

というようにすることができる。もちろんこれは、Remove-Item test.txt とすればいいだけの話だが、サブディレクトリまで探して 1 年以上前に更新したっきりになってい

る .txt ファイルを探して消そうと思ったら、

```
PS C:¥code¥wmi> Get-ChildItem -Recurse *.txt | Where-Object {$_.LastWriteTime
 -lt(get-date).AddYears(-1)} | Remode-Item
```

とする。Where-Object でかなり細かいレベルでオブジェクトの絞り込みができるので、複数条件でも同じ骨格のコマンドラインで対応可能だ。

　パイプでオブジェクトをつないでいくのでコマンドラインは長くなりがちだが、パイプ記号で改行したり、スクリプトブロック（{} で囲まれた部分）の途中で改行すると、Unix 系のシェルのように第 2 プロンプト（デフォルトでは >>）が表示されてコマンドラインは完結せずに続けて入力できる。

```
PS C:¥code¥wmi> Get-ChildItem -Recurse *.txt |
>> Where-Object {
>>
```

　論理的にコマンドラインが完結している状態で、第 2 プロンプトしかないところにさらに改行を打てば、そのコマンドラインは実行される。途中でやめたいときは CTRL-C または ESC でキャンセルできる。

　したがって、関数定義やフィルター定義のように複数行必要になるようなケースでも、何も特別な操作なしにコマンドラインにそのまま打ち込んで行って OK だ。たとえば、

```
PS C:¥code¥wmi> Function test-func ([string] $s)
>> {
>>    $s.Length
>> }
>>
```

というようにして、必要ならばどのタイミングでも関数を定義できてしまう。

第 1 章　準　備

　PowerShell についていろいろ書き始めればそれだけで分厚い本が一冊できてしまうので、
詳しい使い方はヘルプや TechNet などを参照してほしい。

# 2

## WMI について

**第 2 章 WMI について**

## 2.1

# WMI は役に立つ？

　WMI と は、WBEM（Web-Based Enterprise Management） と CIM（Common Information Model）の標準を Windows 環境に適合するように拡張実装し、システム管理情報を参照したり操作したりするための一般化されたインターフェイスを提供する仕組みである。WMI は、管理対象の小さなひとまとまり（たとえば CPU とか NIC という具合のもの）を WMI クラスとしてまとめ、そこに値を持つプロパティと作用を持つメソッドを定義してオブジェクトデータベースとして保持している。

　WMI クラスは論理的な分類（異論はあるだろうが）に基づいてネームスペース（名前空間）に分割されている。WMI を使用する最も安易な手段である wmic コマンドは名前空間 root¥cimv2 にアクセスして、CIM の標準的な機能を提供しているのだ。

　wmic のヘルプを見れば、WMI に何ができるのかということに関する大雑把なイメージが見えてくる。かなり長いけれど、参考になるので以下に転載しておこう。ここでは、コマンドプロンプトでのコマンド実行を見る。

```
C:¥> wmic /?

[グローバル スイッチ] <command>

次のグローバル スイッチが利用可能です:
/NAMESPACE          エイリアスが操作する名前空間のパスです。
/ROLE               エイリアスの定義を含む役割のパスです。
/NODE               エイリアスが操作するサーバーです。
/IMPLEVEL           クライアントの偽造レベルです。
/AUTHLEVEL          クライアントの認証レベルです。
/LOCALE             クライアントが使用する必要がある言語 ID です。
/PRIVILEGES         特権のすべてを有効または無効にします。
/TRACE              デバッグ情報を stderr に出力します。
/RECORD             入力コマンドと出力のすべてをログに記録します。
/INTERACTIVE        対話モードを設定またはリセットします。
/FAILFAST           FailFast モードを設定またはリセットします。
```

12

| | | |
|---|---|---|
| /USER | | セッションの間使用するユーザーです。 |
| /PASSWORD | | セッション ログオンに使用されるパスワードです。 |
| /OUTPUT | | 出力リダイレクトのモードを指定します。 |
| /APPEND | | 出力リダイレクトを指定します。 |
| /AGGREGATE | | 集合体モードを設定またはリセットします。 |
| /AUTHORITY | | 接続の <証明機関の種類> を指定します。 |
| /?[:<BRIEF\|FULL>] | | 使用法の情報です。 |

特定のグローバル スイッチの詳細については、 switch-name /? と入力してください。


次のエイリアスが現在の役割で利用可能です:

| | |
|---|---|
| ALIAS | - ローカル システムのエイリアス ボリュームにアクセスします。 |
| BASEBOARD | - ベース ボード (マザーボードまたはシステム ボード) の管理です。 |
| BIOS | - 基本入出力 (BIOS) 管理です。 |
| BOOTCONFIG | - ブート構成管理です。 |
| CDROM | - CD-ROM 管理です。 |
| COMPUTERSYSTEM | - コンピューター システム管理です。 |
| CPU | - CPU 管理です。 |
| CSPRODUCT | - SMBIOS からのコンピューター システム製品情報です。 |
| DATAFILE | - データ ファイル管理です。 |
| DCOMAPP | - DCOM アプリケーションの管理です。 |
| DESKTOP | - ユーザーのデスクトップ管理です。 |
| DESKTOPMONITOR | - デスクトップ モニターの管理です。 |
| DEVICEMEMORYADDRESS | - デバイス メモリ アドレスの管理です。 |
| DISKDRIVE | - 物理ディスク ドライブの管理です。 |
| DISKQUOTA | - NTFS ボリュームのディスク領域の使用です。 |
| DMACHANNEL | - ダイレクト メモリ アクセス (DMA) チャンネル管理です。 |
| ENVIRONMENT | - システム環境設定の管理です。 |
| FSDIR | - ファイル システム ディレクトリ エントリの管理です。 |
| GROUP | - グループ アカウントの管理です。 |
| IDECONTROLLER | - IDE コントローラー管理です。 |
| IRQ | - 割り込み要求 (IRQ) の管理です。 |
| JOB | - スケジュール サービスを使用してスケジュールされたジョブへのアクセスを提 |

供します。

| | |
|---|---|
| LOADORDER | - 実行依存関係を定義するシステム サービスの管理です。 |
| LOGICALDISK | - ローカル記憶装置管理です。 |
| LOGON | - ログオン セッションです。 |
| MEMCACHE | - キャッシュ メモリ管理です。 |
| MEMORYCHIP | - メモリ チップの情報です。 |
| MEMPHYSICAL | - コンピューター システムの物理メモリの管理です。 |

# 第2章 WMI について

| | |
|---|---|
| NETCLIENT | - ネットワーク クライアント管理です。 |
| NETLOGIN | - ネットワーク ログイン情報（特定のユーザーの）の管理です。 |
| NETPROTOCOL | - プロトコル（およびそのネットワーク特性）管理です。 |
| NETUSE | - アクティブ状態のネットワーク管理です。 |
| NIC | - ネットワーク インターフェイス コントローラー（NIC）の管理です。 |
| NICCONFIG | - ネットワーク アダプターの管理です。 |
| NTDOMAIN | - NT ドメイン管理です。 |
| NTEVENT | - NT イベント ログのエントリです。 |
| NTEVENTLOG | - NT イベント ログ ファイルの管理です。 |
| ONBOARDDEVICE | - マザーボード（システム ボード）にビルトインされている共通アダプター デ |
| | バイスの管理です。 |
| OS | - インストールされたオペレーティング システムの管理です。 |
| PAGEFILE | - スワップされている仮想メモリ ファイルの管理です。 |
| PAGEFILESET | - ページ ファイル設定管理です。 |
| PARTITION | - 物理ディスクのパーティションされた領域の管理です。 |
| PORT | - I/O ポート管理です。 |
| PORTCONNECTOR | - 物理接続ポートの管理です。 |
| PRINTER | - プリンター デバイスの管理です。 |
| PRINTERCONFIG | - プリンター デバイス構成の管理です。 |
| PRINTJOB | - 印刷ジョブの管理です。 |
| PROCESS | - 処理管理です。 |
| PRODUCT | - インストール パッケージ タスクの管理です。 |
| QFE | - QFE（Quick Fix Engineering）です。 |
| QUOTASETTING | - ボリュームのディスク クォータの設定情報です。 |
| RDACCOUNT | - リモート デスクトップ接続のアクセス許可管理です。 |
| RDNIC | - 特定のネットワーク アダプターでのリモート デスクトップ接続の管理です。 |
| RDPERMISSIONS | - 特定のリモート デスクトップ接続のアクセス許可です。 |
| RDTOGGLE | - リモート デスクトップ リスナーをリモートでオンまたはオフにします。 |
| RECOVEROS | - オペレーティング システムにエラーが発生するときにメモリから収集される情 |
| | 報です。 |
| REGISTRY | - コンピューター システムのレジストリの管理です。 |
| SCSICONTROLLER | - SCSI コントローラー管理です。 |
| SERVER | - サーバー情報の管理です。 |
| SERVICE | - サービス アプリケーションの管理です。 |
| SHADOWCOPY | - シャドウ コピーの管理です。 |
| SHADOWSTORAGE | - シャドウ コピーの記憶域の管理です。 |
| SHARE | - 共有リソース管理です。 |
| SOFTWAREELEMENT | - システムにインストールされているソフトウェア製品の要素の管理です。 |
| SOFTWAREFEATURE | - ソフトウェア要素のソフトウェア製品サブセットの管理です。 |
| SOUNDDEV | - サウンド デバイス管理です。 |
| STARTUP | - ユーザーがコンピューター システムにログオンするときに自動的に実行するコ |

マンドの管理です。

```
SYSACCOUNT              - システム アカウント管理です。
SYSDRIVER               - 基本サービスのシステム ドライバーの管理です。
SYSTEMENCLOSURE         - 物理的システム格納装置管理です。
SYSTEMSLOT              - ポート、マザーボード スロットと周辺機器、専用接続ポイントを含む物理的接
続ポイントの管理です。
TAPEDRIVE               - テープ ドライブ管理です。
TEMPERATURE             - 温度センサー（電気温度計）のデータ管理です。
TIMEZONE                - タイム ゾーン データ管理です。
UPS                     - 無停電電源装置（UPS）の管理です。
USERACCOUNT             - ユーザー アカウント管理です。
VOLTAGE                 - 電圧センサー（電気電圧計）のデータ管理です。
VOLUME                  - ローカル記憶域ボリュームの管理です。
VOLUMEQUOTASETTING      - ディスク クォータ設定を特定のディスク領域に関連付けます。
VOLUMEUSERQUOTA         - ユーザーごとの記憶域ボリューム クォータの管理です。
WMISET                  - WMI サービスの操作パラメーター管理です。

特定のエイリアスについての詳細は、alias /? と入力してください。

CLASS     - 完全な WMI スキーマにエスケープします。
PATH      - WMI オブジェクトの完全なパスにエスケープします。
CONTEXT   - グローバル スイッチすべての状態を表示します。
QUIT/EXIT - プログラムを終了します。

CLASS/PATH/CONTEXT の詳細については、(CLASS | PATH | CONTEXT) /? と入力してください。
```

　たとえば、wmic useraccount とすればそのマシンで使用できるユーザーの一覧が表示され、wmic process とすればそのマシンで実行中のプロセスの情報が表示される。

　ここで wmic のヘルプだけを見ているとネットワーク管理にはあまり役立ちそうな気がしないどころか、この程度なら ipconfig コマンドとか net コマンドなどのレガシーコマンドで十分という気もしてくる。つまり、こんな感じだ。

```
C:¥> wmic netclient
Caption      Description        InstallDate  Manufacturer           Name
         Status
Workstation  LanmanWorkstation               Microsoft Corporation  Microsoft Windows
 Network  OK
```

もしくは、こんな感じ。

```
C:¥> wmic rdpermissions
Caption  DenyAdminPermissionForCustomization  Description  InstallDate  Name  PolicyS
ourceDenyAdminPermissionForCustomization  Status  StringSecurityDescriptor      Ter
minalName

    O:SYG:SYD:(A;;CC;;;IU)(A;;0xf03bf;;;SY)(A;;CCSWLOSDRCWDWO;;;LS)(A;;CCLO;;;NS)(A;
;0xf03bf;;;BA)(A;;CCWPCR;;;RD)S:NO_ACCESS_CONTROL      Console

    O:SYG:SYD:(A;;CC;;;IU)(A;;0xf03bf;;;SY)(A;;CCSWLOSDRCWDWO;;;LS)(A;;CCLO;;;NS)(A;
;0xf03bf;;;BA)(A;;CCWPCR;;;RD)S:(AU;FA;CCWPCR;;;WD)  RDP-Tcp
```

　意味がどうこう言う以前に、これがネットワーク管理の何に役立つのかまったくもって不明
である。実は、wmic のサブコマンド的なエイリアスは事前に WMI クラスを簡略化して参
照できるように、それぞれ必要なクラスに割り当てられ、特定のプロパティを表示するよう
に、または特定のメソッドを操作するように定義済みのものなのである。エイリアスは非常
に基本的なものしか用意されていないし、エイリアスにないものを触ろうとすると wmic は
途端にとんでもなく面倒くさくなるのである。
　WMI を使いこなすためには、Windows システムの仕組みを自力でデバイスドライバーを
書けるくらいまで本気で勉強する必要があるのだが、ネットワーク管理者には元からそんな
暇はない。これらの問題は PowerShell を使えばあっさり解決してしまう。

## 2.2
# WMI の機能を確認してみよう

　Windows 10 では、スタートメニューの「すべてのアプリ」から「Windows PowerShell」を探して右クリックしたら「管理者として実行」を選ぶ。Windows Server 2012 や Windows 8/8.1 では、タイルかタスクバーから「Windows PowerShell」を探して右クリックしたら「管理者として実行」を選ぶ。Windows 7 や Windows Server 2008 では、スタートメニューの「すべてのプログラム」から「アクセサリ」の「Windows PowerShell」を開いて右クリックしたら「管理者として実行」を選ぶ。ユーザーアカウント制御ダイアログが出るので、「はい」を選択する。あなたがもしも PowerShell を初めて使うなら、何も考えずに Update-Help を実行しよう。これで、PowerShell のコマンドのヘルプが最新のものに更新される。

　さて、ここから PowerShell を使って WMI の機能を探っていこう。PowerShell から WMI を利用する時に使うコマンドレットは Get-WmiObject だ。

```
PS C:¥Windows¥system32> Get-WmiObject

コマンド パイプライン位置 1 のコマンドレット Get-WmiObject
次のパラメーターに値を指定してください:
Class:
```

……いやはや。いきなり躓いた。Class: というプロンプトで止まっている。

　実は WMI は、WMI クラスがわからなければ使えない。WMI クラスがどの名前空間にあるのかも知っていなければ使えない。とりあえず、CTRL-C を押してコマンドレットの実行を中断してヘルプを見てみよう（読みやすいように少し整形してある）。

```
PS C:¥Windows¥system32> Get-Help Get-WmiObject

名前
```

第 2 章　WMI について

```
    Get-WmiObject
```

概要

　　Windows Management Instrumentation (WMI) クラスのインスタンスまたは使用可能なクラスに関する
情報を取得します。

構文

```
    Get-WmiObject [-Class] [[-Property]] [-Amended] [-AsJob] [-Authentication] [-Auth
ority] [-ComputerName] [-Credential] [-DirectRead] [-EnableAllPrivileges] [-Filter] [
-Impersonation] [-Locale] [-Namespace] [-ThrottleLimit] [<Common Parameters>]

    Get-WmiObject [[-Class]] [-Amended] [-AsJob] [-Authentication] [-Authority] [-Com
puterName] [-Credential] [-EnableAllPrivileges] [-Impersonation] [-List] [-Locale] [-
Namespace] [-Recurse] [-ThrottleLimit] [<CommonParameters>]

    Get-WmiObject [-Amended] [-AsJob] [-Authentication] [-Authority] [-ComputerName]
[-Credential] [-EnableAllPrivileges] [-Impersonation] [-Locale] [-Namespace] [-Thrott
leLimit] [<CommonParameters>]

    Get-WmiObject [-Amended] [-AsJob] [-Authentication] [-Authority] [-ComputerName]
[-Credential] [-EnableAllPrivileges] [-Impersonation] [-Locale] [-Namespace] [-Thrott
leLimit] [<CommonParameters>]

    Get-WmiObject [-Amended] [-AsJob] [-Authentication] [-Authority] [-ComputerName]
[-Credential] [-DirectRead] [-EnableAllPrivileges] [-Impersonation] [-Locale] [-Names
pace] [-ThrottleLimit] -Query [<CommonParameters>]
```

説明

　　Get-WmiObject コマンドレットは、WMI クラスのインスタンスまたは使用可能な WMI クラスに関する情報
を取得します。リモート コンピューターを指定するには、ComputerName パラメーターを使用します。List パラ
メーターを指定すると、指定された名前空間内で使用可能な WMI クラスに関する情報を取得できます。Query パラ
メーターを指定すると、WMI Query Language (WQL) ステートメントが実行されます。

　　Get-WmiObject コマンドレットは、リモート操作の実行に Windows PowerShell リモート処理を使用
しません。Get-WmiObject コマンドレットの ComputerName パラメーターは、コンピューターが Windows
PowerShell リモート処理の要件を満たしていない場合や、コンピューターが Windows PowerShell のリモー
ト処理用に構成されていない場合でも使用できます。

　　Windows PowerShell 3.0 以降では、Get-WmiObject によって返されるオブジェクトの __Server プ

ロパティに PSComputerName というエイリアスが追加されました。これにより、ソース コンピューター名を出力およびレポートに簡単に含められるようになりました。


関連するリンク
    Online Version: http://go.microsoft.com/fwlink/?LinkID=113337
    Invoke-WmiMethod
    Remove-WmiObject
    Set-WmiInstance
    Get-WSManInstance
    Invoke-WSManAction
    New-WSManInstance
    Remove-WSManInstance

注釈
    例を参照するには、次のように入力してください: "get-help Get-WmiObject -examples".
    詳細を参照するには、次のように入力してください: "get-help Get-WmiObject -detailed".
    技術情報を参照するには、次のように入力してください: "get-help Get-WmiObject -full".
    オンライン ヘルプを参照するには、次のように入力してください: "get-help Get-WmiObject -online"


ヘルプには使用可能な名前空間も WMI クラスも書いてはいない。見るべき WMI クラス名がわからないし、見るべき名前空間もわからないのにどうすればいいのだろう。

　実は、名前空間も名前空間ごとの WMI クラスも、PowerShell で簡単に参照できる。名前空間の一覧を取得するにはこうする。


```
PS C:\Windows\system32> (Get-WmiObject -namespace "root" -class "__namespace").Name
subscription
DEFAULT
CIMV2
msdtc
Cli
SECURITY
SecurityCenter2
RSOP
PEH
StandardCimv2
WMI
```

```
directory
Policy
Interop
Hardware
ServiceModel
SecurityCenter
Microsoft
```

名前空間 root は最も上位の名前空間で、このコマンドでは root の直下の名前空間の一覧しか取得できない。名前空間はファイルシステムのディレクトリのように階層構造になっているので、すべてを知りたければ、それぞれの名前空間で、

```
PS C:\Windows\system32> (Get-WmiObject -namespace "root\CIMV2" -class "__namespace").
Name
mdm
Security
ms_411
power
ms_409
TerminalServices
Applications
```

として、階層の下の方まで確認しなければならない。Get-WmiObject には -recurse というオプションがあって、説明によれば名前空間の階層を再帰的に走査して WMI クラスを探してくれるようなことが書いてあるのだが、どうやらひとつ見つかってしまえばそこで操作をやめてしまう仕様であるようで、ここでの用途にはまったく役に立たない。

それぞれの名前空間にある WMI オブジェクトを知りたい場合は、

```
PS C:\Windows\system32> (Get-WmiObject -namespace "root\CIMV2" -List).Name
CIM_Indication
CIM_ClassIndication
CIM_ClassDeletion
CIM_ClassCreation
```

```
CIM_ClassModification
CIM_InstIndication
CIM_InstCreation
CIM_InstModification
CIM_InstDeletion
__NotifyStatus
…… (以下略) ……
```

というようにする（出力は長すぎるので割愛）。このコマンドを実行するととんでもない数のWMIオブジェクトの名前が表示されるはずだ。しかも、順番がぐちゃぐちゃで読みづらいので、出力をソートしたければ、

```
PS C:¥Windows¥system32> (Get-WmiObject -namespace "root¥CIMV2" -List).Name | Sort-Obj
ect
__AbsoluteTimerInstruction
__ACE
__AggregateEvent
__ClassCreationEvent
__ClassDeletionEvent
__ClassModificationEvent
__ClassOperationEvent
__ClassProviderRegistration
__ConsumerFailureEvent
__Event
__EventConsumer
__EventConsumerProviderRegistration
__EventDroppedEvent
…… (以下略) ……
```

とすればいい（出力は長すぎるので割愛）。

　各WMIオブジェクトが持っているプロパティを知りたければ、たとえば、以下のようにする。

第2章　WMIについて

```
PS C:¥Windows¥system32> (Get-WmiObject -namespace "root¥CIMV2" -class Win32_LogicalDi
sk -list).Properties


Name       : Access
Value      :
Type       : UInt16
IsLocal    : False
IsArray    : False
Origin     : CIM_StorageExtent
Qualifiers : {CIMTYPE, read}

Name       : Availability
Value      :
Type       : UInt16
IsLocal    : False
IsArray    : False
Origin     : CIM_LogicalDevice
Qualifiers : {CIMTYPE, MappingStrings, read, ValueMap}

Name       : BlockSize
Value      :
Type       : UInt64
IsLocal    : False
IsArray    : False
Origin     : CIM_StorageExtent
Qualifiers : {CIMTYPE, MappingStrings, read}

…… (中略) ……

Name       : VolumeDirty
Value      :
Type       : Boolean
IsLocal    : True
IsArray    : False
Origin     : Win32_LogicalDisk
Qualifiers : {CIMTYPE, MappingStrings, read}

Name       : VolumeName
Value      :
```

22

2.2　WMI の機能を確認してみよう

```
Type        : String
IsLocal     : True
IsArray     : False
Origin      : Win32_LogicalDisk
Qualifiers  : {CIMTYPE, MappingStrings, read, write}


Name        : VolumeSerialNumber
Value       :
Type        : String
IsLocal     : True
IsArray     : False
Origin      : Win32_LogicalDisk
Qualifiers  : {CIMTYPE, MappingStrings, read}
```

そのままだと長すぎるので出力は一部省略したが、返ってきた表示をよく見ればデータ型や
読み書き属性が確認できる。
　同様に WMI クラスのメソッドの確認は以下のようにする。

```
PS C:\Windows\system32> (Get-WmiObject -namespace "root\CIMV2" -class Win32_LogicalDi
sk -list).Methods


Name          : SetPowerState
InParameters  : System.Management.ManagementBaseObject
OutParameters : System.Management.ManagementBaseObject
Origin        : CIM_LogicalDevice
Qualifiers    : {}


Name          : Reset
InParameters  :
OutParameters : System.Management.ManagementBaseObject
Origin        : CIM_LogicalDevice
Qualifiers    : {}


Name          : Chkdsk
InParameters  : System.Management.ManagementBaseObject
OutParameters : System.Management.ManagementBaseObject
```

```
Origin        : Win32_LogicalDisk
Qualifiers    : {Implemented, MappingStrings}


Name          : ScheduleAutoChk
InParameters  : System.Management.ManagementBaseObject
OutParameters : System.Management.ManagementBaseObject
Origin        : Win32_LogicalDisk
Qualifiers    : {Implemented, MappingStrings, Static}


Name          : ExcludeFromAutochk
InParameters  : System.Management.ManagementBaseObject
OutParameters : System.Management.ManagementBaseObject
Origin        : Win32_LogicalDisk
Qualifiers    : {Implemented, MappingStrings, Static}
```

　ここで得られる情報だけでは、どんなパラメーターを指定すればいいのかまではわかりかねるが、Name からどんなことができるのかは想像がつく。

　これらのプロパティやメソッドの詳細が知りたければ、TechNet（https://technet.microsoft.com/ja-jp/）や MSDN（https://msdn.microsoft.com/ja-jp/）で WMI クラス名とプロパティ名またはメソッド名で検索すればいい。TechNet では実際の使用例があれば検索されることが多い。MSDN は検索成績が悪いのだが、キーワードに「WMI」を追加すれば多少ましになる。MSDN には WMI クラスやそのプロパティとメソッドについて詳しいリファレンスが整備されている（ただし Microsoft 製のものに限る）。Microsoft のサイトの個別のページの URL は気が付くと変更されてしまう傾向にあるのでここには載せないが、MSDN のトップページから「wmi reference」で検索すれば WMI リファレンスのトップページを見つけることができる。MSDN のリファレンスは英語のみで、日本語化されたページは存在していない。Microsoft が多数の言語に対応するのに比較的熱心だったのは過去の話になってしまっている。残念なことだ。

　ここまで読み進めてきて「いやいやそんなことはいいから使える WMI クラスをいきなり教えてくれればいいじゃないか」と思った読者は多いだろう。なぜそうしないのかにはわけがある。

　実は、WMI オブジェクトはすべての Windows マシンにまったく同じものが共通に存在しているわけではないのだ。もちろん WIM32_LogicalDisk なんていう基本的な WMI クラ

スは、WMI が実装された Windows Xp/Windows 2000 以降の Windows には必ず存在している。しかし、MicrosoftDNS_AType という WMI クラスは Windows Server の DNS サーバー機能を追加したマシンにしか存在しない。一般的な Windows 10 上で MicrosoftDNS_AType を参照しようとするとエラーになる。

```
PS C:¥Windows¥system32> Get-WmiObject -namespace "root¥MicrosoftDNS" -class "Microsof
tDNS_AType"
Get-WmiObject : 無効な名前空間です "root¥MicrosoftDNS"
発生場所 行:1 文字:1
+ Get-WmiObject -namespace root¥MicrosoftDNS -class MicrosoftDNS_AType
+ ~~~~~~~~~~~~~~~~~~~~~~~~~~~~~~~~~~~~~~~~~~~~~~~~~~~~~~~~~~~~~~~~~~~~~~
    + CategoryInfo          : InvalidArgument: (:) [Get-WmiObject]、ManagementException
    + FullyQualifiedErrorId : GetWMIManagementException,Microsoft.PowerShell.Commands.
GetWmiObjectCommand
```

存在しない名前空間や WMI クラスを指定すると、PowerShell はこんなふうにエラーを返してくる。

　つまり、名前空間や WMI クラスを確認する方法を知っていれば、対象とするマシンで何ができて何ができないのかを確認することができるというわけだ。コマンドやスクリプトを実行して、成功するのかエラーになるかをわざわざドキドキしながら待つ必要はないのである。

第 2 章　WMI について

## 2.3

# Get-WmiObject でリモートマシンに接続する

Active Directory の環境で Get-WmiObject コマンドレットを使って他のマシンの情報を調べるのはとても簡単だ。そのためにはオプション -ComputerName を使う。

```
PS C:¥WINDOWS¥system32> Get-WmiObject -namespace "root¥CIMV2" -class Win32_LogicalDis
k -ComputerName WIN-6N4H5REB3M8


DeviceID     : A:
DriveType    : 2
ProviderName :
FreeSpace    :
Size         :
VolumeName   :

DeviceID     : C:
DriveType    : 3
ProviderName :
FreeSpace    : 49289748480
Size         : 75159826432
VolumeName   :

DeviceID     : D:
DriveType    : 5
ProviderName :
FreeSpace    :
Size         :
VolumeName   :
```

　一見すると実行しているマシンのドライブ情報を見ているようだが、実際にはこのサンプルをとるためにテストをしたマシンは WIN-6N4H5REB3M8 ではない。テスト用に VMware の仮想マシンとして作成した WIN-6N4H5REB3M8 とは違うマシンである。

```
PS C:¥WINDOWS¥system32> Get-WmiObject -namespace "root¥CIMV2" -class Win32_ComputerSy
stem


Domain            : key.local
Manufacturer      : VMware, Inc.
Model             : VMware Virtual Platform
Name              : WIN-VDSP63D4I8C
PrimaryOwnerName  : Windows ユーザー
TotalPhysicalMemory : 4294430720
```

　さて、ここでは Active Directory の Domain Admins グループであるユーザーで Active Directory にあるマシンに接続しているために、ユーザー認証の類は発生していない。諸事情によりユーザーを指定しなければならない場合は、-Credential オプションでドメイン名を含むユーザーを指定して実行することもできる。

```
PS C:¥Windows¥system32> Get-WmiObject -class Win32_ComputerSystem -ComputerName WIN-V
DSP63D4I8C -Credential Admin@key.local


Domain            : key.local
Manufacturer      : VMware, Inc.
Model             : VMware Virtual Platform
Name              : WIN-VDSP63D4I8C
PrimaryOwnerName  : Windows ユーザー
TotalPhysicalMemory : 4294430720
```

この時、PowerShell はパスワードを入力するためのダイアログを表示して、ユーザーにパスワードを入力させる。PowerShell のコマンドレットにはパスワードを明示的に指定するオプションがないので、何度も同じユーザーを使う場合は、いちいちダイアログからパスワードを入力しなければならない。それはいくらなんでも面倒なので、PowerShell では資格情報を変数に保存することができる。

```
PS C:¥WINDOWS¥system32> $cred = Get-Credential Admin@key.local
```

こうすることで $cred に資格情報が保存される。

```
PS C:¥Windows¥system32> Get-WmiObject -class Win32_ComputerSystem -ComputerName WIN-V
DSP63D4I8C -Credential $cred


Domain              : key.local
Manufacturer        : VMware, Inc.
Model               : VMware Virtual Platform
Name                : WIN-VDSP63D4I8C
PrimaryOwnerName    : Windows ユーザー
TotalPhysicalMemory : 4294430720
```

これで同じコマンドを何台ものマシンに対して実行しても、いちいちパスワードを入れる必要はなくなるというわけだ。

　先に紹介した通り、非ドメイン環境では管理する側から一方的にWMIによるリモート管理は行えない。管理される側で多少の仕込みが必要になる。

まず管理される側のマシンで、「セキュリティが強化されたWindowsファイアウォール」の「受信の規則」で「Windows Management Instrumentation (WMI受信)」を有効化する。

**図2.1●セキュリティが強化されたWindowsファイアウォール**

このままでも管理のためには十分ではあるが、管理のために接続してくるネットワークの範囲くらいは絞り込んでおいた方がいい。

**図2.2●接続してくるネットワークの範囲**

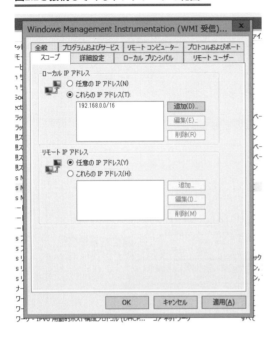

次に、レジストリエディターを起動して（「WebとWindowsを検索」や「ファイル名を指定して実行」からregedit)、以下のレジストリキーを開く。

```
HKEY_LOCAL_MACHINE¥SOFTWARE¥Microsoft¥Windows¥CurrentVersion¥Policies¥System
```

ここに、LocalAccountTokenFilterPolicyをREG_DWORDで値を1にして作成する。すでにLocalAccountTokenFilterPolicyがある場合は、値を1に変更する。これをやっておかないと、リモートのUACが機能してリモートからのアクセスに必要な権限が与えられない。WinRMやPowerShellのEnable-PSRemotingコマンドなどを使用しているとこのレジストリは設定済みであるかもしれない。

次に、管理する側のマシンでPowerShellを起動して（管理者としてではなくて構わない)、管理される側のマシンを信頼するホストとして登録しなければならない。ネットで調べるとすべてのマシンを意味する「*」を指定しろという乱暴な記述をよく見かけるが、それはお勧めできない。そこでまず、現行設定を取得する。

```
PS C:¥WINDOWS¥system32> get-item WSMan:¥localhost¥Client¥TrustedHosts


   WSManConfig: Microsoft.WSMan.Management¥WSMan::localhost¥Client

Type              Name                              SourceOfValue   Value
----              ----                              -------------   -----
System.String     TrustedHosts
```

何も設定されていなければ、このように表示される。何か設定してある場合は、Value のカラムに表示される。

```
PS C:¥WINDOWS¥system32> get-item WSMan:¥localhost¥Client¥TrustedHosts


   WSManConfig: Microsoft.WSMan.Management¥WSMan::localhost¥Client

Type              Name                              SourceOfValue   Value
----              ----                              -------------   -----
System.String     TrustedHosts                                      WIN-RTR*
```

リストに追加する単一の操作は提供されていないので、ここに新しいマシンを追加する場合は、この値を取得して新しいマシン名を後ろに追加する。

```
PS C:¥WINDOWS¥system32> Set-Item WSMan:¥localhost¥Client¥TrustedHosts -Value ((get-it
em WSMan:¥localhost¥Client¥TrustedHosts).Value+",Alpha")

WinRM セキュリティの構成。
このコマンドは WinRM クライアントの TrustedHosts の一覧を変更します。TrustedHosts
の一覧内にあるコンピューターは認証されない可能性があります。クライアントはこれらのコンピューターに資格情報
を送信する可能性があります。この一覧を変更しますか?
[Y] はい(Y)   [N] いいえ(N)   [S] 中断(S)   [?] ヘルプ (既定値は "Y"):
PS C:¥WINDOWS¥system32> get-item WSMan:¥localhost¥Client¥TrustedHosts
```

```
  WSManConfig: Microsoft.WSMan.Management¥WSMan::localhost¥Client

Type            Name                          SourceOfValue  Value
----            ----                          -------------  -----
System.String   TrustedHosts                                 WIN-RTR*,Alpha


PS C:¥WINDOWS¥system32>
```

接続しに行く側が信頼するホストを設定しなければならないというのは感覚的に気持ち悪い
が、これで TrustedHosts にある名前に合うマシンをリモート管理できるようになる。な
お、WinRM サービス（Windows Remote Management (WS-Management)）が起動してい
ない状態では TrustedHosts は存在しない。下記のようなエラーが表示されて設定できな
い場合は、winrm quickconfig を実行するか、Start-Service WinRM を実行すること。

```
Set-Item : クライアントは、要求で指定された接続先に接続できません。 接続先のサービスが実行されていて、
要求を受け付けられる状態であることを確認してください。 接続先で実行されている WS-Management サービス
（通常は IIS または WinRM）に関するログとドキュメントを参照してください。 接続先が WinRM サービスの場
合は、リモート ホスト上で次のコマンドを実行して、WinRM サービスを分析および構成してください
: "winrm quickconfig"
発生場所 行:1 文字:1
+ Set-Item WSMan:¥localhost¥Client¥TrustedHosts -Value ((get-item WSMan ...
+ ~~~~~~~~~~~~~~~~~~~~~~~~~~~~~~~~~~~~~~~~~~~~~~~~~~~~~~~~~~~~~~~~~~~~
    + CategoryInfo          : NotSpecified: (:) [Set-Item], InvalidOperationException
    + FullyQualifiedErrorId : System.InvalidOperationException,Microsoft.PowerShell.
  Commands.SetItemCommand
```

　メッセージには winrm quickconfig を行うように案内されているが、Start-Service
WinRM でも十分機能する。マシン再起動後も有効にする場合は、

```
PS C:¥WINDOWS¥system32> Set-Service -StartType Automatic -Status Running WinRM
```

とする。

# WMIを調べものに使う

第 3 章　WMI を調べものに使う

## 3.1

# PowerShell コマンドレットに慣れる

それでは本格的に WMI を使うために、まずは次のコマンドとその結果を見てみよう。

```
PS C:\Windows\system32> Get-WmiObject -class Win32_IP4RouteTable | Get-Member


   TypeName: System.Management.ManagementObject#root\cimv2\Win32_IP4RouteTable

Name             MemberType     Definition
----             ----------     ----------
PSComputerName   AliasProperty  PSComputerName = __SERVER
Age              Property       uint32 Age {get;set;}
Caption          Property       string Caption {get;set;}
Description      Property       string Description {get;set;}
Destination      Property       string Destination {get;set;}
Information       Property       string Information {get;set;}
InstallDate      Property       string InstallDate {get;set;}
InterfaceIndex   Property       int InterfaceIndex {get;set;}
Mask             Property       string Mask {get;set;}
Metric1          Property       int Metric1 {get;set;}
Metric2          Property       int Metric2 {get;set;}
Metric3          Property       int Metric3 {get;set;}
Metric4          Property       int Metric4 {get;set;}
Metric5          Property       int Metric5 {get;set;}
Name             Property       string Name {get;set;}
NextHop          Property       string NextHop {get;set;}
Protocol         Property       uint32 Protocol {get;set;}
Status           Property       string Status {get;set;}
Type             Property       uint32 Type {get;set;}
__CLASS          Property       string __CLASS {get;set;}
__DERIVATION     Property       string[] __DERIVATION {get;set;}
__DYNASTY        Property       string __DYNASTY {get;set;}
__GENUS          Property       int __GENUS {get;set;}
__NAMESPACE      Property       string __NAMESPACE {get;set;}
```

34

```
__PATH              Property      string __PATH {get;set;}
__PROPERTY_COUNT    Property      int __PROPERTY_COUNT {get;set;}
__RELPATH           Property      string __RELPATH {get;set;}
__SERVER            Property      string __SERVER {get;set;}
__SUPERCLASS        Property      string __SUPERCLASS {get;set;}
ConvertFromDateTime ScriptMethod  System.Object ConvertFromDateTime();
ConvertToDateTime   ScriptMethod  System.Object ConvertToDateTime();
```

　WMIクラスWin32_IP4RouteTableは、名前から想像する通りIPv4のルーティングテーブルの情報を保持している。Get-WmiObject -class Win32_IP4RouteTableとすれば、IPv4のルーティングテーブルが表示されるのだが、その出力はWMIオブジェクトとして出力されるので、Get-Memberコマンドレットにパイプで渡されることによってオブジェクトのメンバー情報に変換される。すなわち、上記の結果はWin32_IP4RouteTableのメンバー情報なのだ。「__」で始まるメンバーはWMIの内部情報であり、通常は気にする必要はない。WMI自身が利用するための裏設定項目だと思っていい。

　Get-Memberにリダイレクトしなければ、

```
PS C:¥Windows¥system32> Get-WmiObject -class Win32_IP4RouteTable


__GENUS          : 2
__CLASS          : Win32_IP4RouteTable
__SUPERCLASS     : CIM_LogicalElement
__DYNASTY        : CIM_ManagedSystemElement
__RELPATH        : Win32_IP4RouteTable.Destination="0.0.0.0",InterfaceIndex=12,Mask="
                   0.0.0.0",NextHop="192.168.1.1"
__PROPERTY_COUNT : 18
__DERIVATION     : {CIM_LogicalElement, CIM_ManagedSystemElement}
__SERVER         : WIN-6N4H5REB3M8
__NAMESPACE      : root¥cimv2
__PATH           : ¥¥WIN-6N4H5REB3M8¥root¥cimv2:Win32_IP4RouteTable.Destination="0.0.
                   0.0",InterfaceIndex=12,Mask="0.0.0.0",NextHop="192.168.1.1"
Age              : 704750
Caption          : 0.0.0.0
Description      : 0.0.0.0 - 0.0.0.0 - 192.168.1.1
Destination      : 0.0.0.0
```

```
Information      : 0.0
InstallDate      :
InterfaceIndex   : 12
Mask             : 0.0.0.0
Metric1          : 266
Metric2          : -1
Metric3          : -1
Metric4          : -1
Metric5          : -1
Name             : 0.0.0.0
NextHop          : 192.168.1.1
Protocol         : 3
Status           :
Type             : 4
PSComputerName   : WIN-6N4H5REB3M8
……（以下略）……
```

というように、ルーティングテーブルの情報が出るわけだ。

　たいていの場合はクラスの持つプロパティのすべてが必要ということはないので、必要な項目だけを抜き出したいところである。縦に連なる表示よりは表形式の方が後あと便利という時は、Format-Table コマンドレットを使って表示を成型する。

```
PS C:¥Windows¥system32> Get-WmiObject -class Win32_IP4RouteTable | Format-Table -Auto
Size InterfaceIndex,Destination,Mask,NextHop,Metric1

InterfaceIndex Destination      Mask            NextHop        Metric1
-------------- -----------      ----            -------        -------
            12 0.0.0.0          0.0.0.0         192.168.1.1        266
             1 127.0.0.0        255.0.0.0       0.0.0.0            306
             1 127.0.0.1        255.255.255.255 0.0.0.0            306
             1 127.255.255.255  255.255.255.255 0.0.0.0            306
            12 192.168.1.0      255.255.255.0   0.0.0.0            266
            12 192.168.1.99     255.255.255.255 0.0.0.0            266
            12 192.168.1.255    255.255.255.255 0.0.0.0            266
             1 224.0.0.0        240.0.0.0       0.0.0.0            306
            12 224.0.0.0        240.0.0.0       0.0.0.0            266
             1 255.255.255.255  255.255.255.255 0.0.0.0            306
```

```
          12 255.255.255.255 255.255.255.255 0.0.0.0                266
```

上の例では Format-Table に表示したい項目も指定して内容を絞り込んでいる。この表示
をよく見れば、InterfaceIndex が 1 であるものは実質的に不要であることがわかる。そ
んな場合には -Filter オプションを使う。

```
PS C:¥Windows¥system32> Get-WmiObject -class Win32_IP4RouteTable -Filter "InterfaceIn
dex=12" | Format-Table -AutoSize -Wrap Destination,Mask,NextHop,Metric1

Destination                          Mask             NextHop                 Metric1
-----------                          ----             -------                 -------
0.0.0.0                              0.0.0.0          192.168.1.1                 256
192.168.1.0                          255.255.255.0    0.0.0.0                     256
192.168.1.99                         255.255.255.255  0.0.0.0                     256
192.168.1.255                        255.255.255.255  0.0.0.0                     256
224.0.0.0                            240.0.0.0        0.0.0.0                     256
255.255.255.255                      255.255.255.255  0.0.0.0                     256
::                                   0.0.0.0          fe80::10ff:fe06:2092        256
2001:c90:8246:38a6::                                  ::                          256
2001:c90:8246:38a6:a9f3:c3a9:d43b:f73e                ::                          256
fe80::                                                ::                          256
fe80::a9f3:c3a9:d43b:f73e                             ::                          256
ff00::                               255.0.0.0        ::                          256
```

おっとしまった。なぜだか IPv6 の情報まで表示されている。こういう時は Where-Object
を使って絞り込みをしよう。

```
PS C:¥Windows¥system32> Get-WmiObject -class Win32_IP4RouteTable | Where-Object {$_.I
nterfaceIndex -eq 12} | Format-Table -AutoSize -Wrap Destination,Mask,NextHop,Metric1

Destination     Mask             NextHop        Metric1
-----------     ----             -------        -------
0.0.0.0         0.0.0.0          192.168.1.1        266
192.168.1.0     255.255.255.0    0.0.0.0            266
```

```
192.168.1.99      255.255.255.255 0.0.0.0        266
192.168.1.255     255.255.255.255 0.0.0.0        266
224.0.0.0         240.0.0.0       0.0.0.0        266
255.255.255.255   255.255.255.255 0.0.0.0        266
```

PowerShell のプロになりたいわけではないのだから、この程度のコマンドレットを把握しておけば十分だ。ざっとこんな感じで、ネットワーク関係の情報を探っていくことにしよう。

## 3.2

# ネットワーク設定を見る

それでは基本的なところとして、まずはマシンのネットワーク設定を確認してみよう。WMI は Windows の機能を実質的にほとんど余すところなく網羅しているので、非常に細かな設定まで確認できたり変更できたりするのだが、何もかもが重要というわけではないので、ここではあまり使わなさそうな機能を事細かに解説はしない。リファレンスとしての情報は MSDN の WMI Reference で確認してもらうのがいいだろう。

### 3.2.1 Win32_NetworkAdapter ||||||||||||||||||||||||||||||||||||||||||||||||||||||||||||||||

Win32_NetworkAdapter は、Windows システムが管理しているネットワークアダプターの WMI オブジェクトである。これはハードウエアとしての NIC ではなく、ドライバーとして論理的に存在しているアダプターを一覧している。したがって、LAN ポートがひとつしかなくて無線 LAN もないマシンでも、10 個以上のネットワークアダプターがあるように表示される。

```
PS C:\Windows\system32> Get-WmiObject -Class Win32_NetworkAdapter | Format-Table -Aut
oSize
```

```
ServiceName  MACAddress        AdapterType          DeviceID Name
-----------  ----------        -----------          -------- ----
Rasl2tp                                             0        WAN ミニポート (L2TP)
RasSstp                                             1        WAN ミニポート (SSTP)
RasAgileVpn                                          2        WAN ミニポート (IKEv2)
PptpMiniport                                         3        WAN ミニポート (PPTP)
RasPppoe                                             4        WAN ミニポート (PPPOE)
NdisWan                                             5        WAN ミニポート (IP)
NdisWan                                             6        WAN ミニポート (IPv6)
NdisWan                                             7        WAN ミニポート (ネッ...
kdnic                                               8        Microsoft カーネル デ...
                                                    9        RAS 非同期アダプター
e1iexpress   00:0C:29:4E:A3:0F イーサネット 802.3   10       Intel(R) 82574L Gigab...
tunnel                        トンネル              11       Microsoft ISATAP Adapter
tunnel                        トンネル              12       Teredo Tunneling Pseu...
```

もちろんほかのマシンを調べたい場合は、

```
PS C:\WINDOWS\system32> Get-WmiObject -Class Win32_NetworkAdapter -ComputerName TRYWM
I -Credential TRYWMI\Kenji | format-table -AutoSize

ServiceName MACAddress        AdapterType          DeviceID Name
----------- ----------        -----------          -------- ----
rt640x86    00:1A:4D:5A:EA:F7 イーサネット 802.3   0        Realtek PCIe GBE Famil...
kdnic                                              1        Microsoft Kernel Debug...
rt640x86    00:1A:4D:5A:EA:F5 イーサネット 802.3   2        Realtek PCIe GBE Famil...
tunnel                        トンネル              3        Microsoft ISATAP Adapt...
tunnel                        トンネル              4        Teredo Tunneling Pseud...
                                                    6        Microsoft ISATAP Adapter
```

というようにする。

## ■ Win32_NetworkAdapter のプロパティ

Win32_NetworkAdapter のプロパティのいくつかを解説しておこう。実装されていても

第 3 章　WMI を調べものに使う

利用価値の低いものは割愛してある。

**AdapterType と AdapterTypeId、ProductName、Manufacturer、PhysicalAdapter**

　AdapterType は読み出し専用の文字列で、ネットワークアダプターの種類を表す値がシステムの言語の文字列として設定される。AdapterTypeId は読み出し専用の 16 ビット整数で、ネットワークアダプターの種類を示す値が数値として設定される。AdapterType の文字はこの値から単純にマッピングされているもの。いずれも該当するものがなければ値は設定されない。

| AdapterTypeId | AdapterType |
| --- | --- |
| 0 | Ethernet 802.3 |
| 1 | Token Ring 802.5 |
| 2 | Fiber Distributed Data Interface (FDDI) |
| 3 | Wide Area Network (WAN) |
| 4 | LocalTalk |
| 5 | Ethernet using DIX header format |
| 6 | ARCNET |
| 7 | ARCNET (878.2) |
| 8 | ATM |
| 9 | Wireless |
| 10 | Infrared Wireless |
| 11 | Bpc |
| 12 | CoWan |
| 13 | 1394 |
| 14 | InfiniBand |
| 15 | Tunnel |
| 16 | Native IEEE 802.11 |
| 17 | Loopback |
| 18 | IP |

　このリストは、執筆時において MSDN のリファレンスで確認できるものに、Visual C++ のライブラリにおける Ntddndis.h の内容から確認できるものを加えたリストになっている。逐次追加されているので、これ以外の値の場合もありうる。AdapterType は人が見る表示に向いているが、システム言語によって表記が変わるので、アダプターの種別を情報として処理する場合は AdapterTypeId を利用する。

40

ProductName は製品名を表す、読み出し専用の文字列。Manufacturer はアダプターの製造者名、厳密にはデバイスドライバーの製造者名を表す読み出し専用の文字列。

PhysicalAdapter はアダプターが物理的なデバイスである場合に True になる、読み出し専用の論理型値。

### Caption と NetConnectionID、DeviceID、Index、Name、ServiceName、InterfaceIndex、GUID、Description

Caption は各アダプター固有の名称を表す、読み出し専用の文字列。Win32_NetworkAdapter オブジェクトでは DeviceID と Name を組み合わせて生成される。

```
PS C:\Windows\system32> Get-WmiObject -Class Win32_NetworkAdapter | format-table Devi
ceID,Description,Caption -AutoSize

DeviceID Description                                          Caption
-------- -----------                                          -------
0        WAN ミニポート (L2TP)                                 [00000000] WAN ミ...
1        WAN ミニポート (SSTP)                                 [00000001] WAN ミ...
2        WAN ミニポート (IKEv2)                                [00000002] WAN ミ...
3        WAN ミニポート (PPTP)                                 [00000003] WAN ミ...
4        WAN ミニポート (PPPOE)                                [00000004] WAN ミ...
5        WAN ミニポート (IP)                                   [00000005] WAN ミ...
6        WAN ミニポート (IPv6)                                 [00000006] WAN ミ...
7        WAN ミニポート (ネットワーク モニター)                 [00000007] WAN ミ...
8        Microsoft カーネル デバッグ ネットワーク アダプター     [00000008] Microso...
10       Intel(R) 82574L Gigabit Network Connection           [00000010] Intel(R...
11       Microsoft ISATAP Adapter                             [00000011] Microso...
12       Microsoft Teredo Tunneling Adapter                   [00000012] Microso...
```

NetConnectionID は「コントロール パネル\ネットワークとインターネット\ネットワーク接続」に表示される時の名称を表す、読み出し専用の文字列。Win32_NetworkAdapter としては読み出し専用だが、言語に依存するしユーザーが変更可能。

Index は WMI オブジェクトのインデックス番号を表す、読み出し専用の 32 ビット整数。DeviceID は読み出し専用の文字列で、Index に対応したアダプターごとの一意の数字。いずれも、この WMI オブジェクトクラスの中でのデバイスの ID であり、番号自体に意味は

ない。InterfaceIndexはローカルインターフェイスを一意に表すインデックス番号を表す、読み出し専用の32ビット整数。ルーティングテーブルでインターフェイスを指定する時に使用する値。

Nameはオブジェクトの名称を表す、読み出し専用の文字列。表記はシステムの言語に依存する。

ServiceNameはオブジェクトの略称を表す、読み出し専用の文字列。Nameに対応するが、言語設定などに内容が左右されない。名称で情報を処理したい場合はServiceNameを利用しよう。

Descriptionはオブジェクトの説明を表す、読み出し専用の文字列。Win32_NetworkAdapterオブジェクトではNameと同じものが設定されているようだが、定義上は複数行の長文である可能性があるので名称として使用してしまわないように注意。

GUIDはアダプターのグローバル一意識別子を表す、読み出し専用の文字列。仮想アダプターには設定されない。レジストリでデバイスを特定する時などに活用できるが、UIでは逆に混乱のもとになるので要注意。

Name、ProductName、Manufacturer、ServiceNameおよびDescriptionは重複する可能性があるので、個別のアダプターを特定するならばDeviceIDかCaptionを利用するべきである。

### ConfigManagerErrorCode と ConfigManagerUserConfig

ConfigManagerErrorCodeはWin32構成マネージャのエラーコードを格納している、読み出し専用の16ビット整数。アダプターの構成にエラーがない場合は0であり、何らかのデバイス制御をするのでない限り0以外は構成上のエラーがあるので使えないという認識で間違いない。値が22の時はアダプターが無効にされているだけなので、構成上のエラーというわけではない。0でも22でもない場合はデバイスドライバーを再導入するしかない場合が多い。たいていはリモートで解決できるような問題ではないことが多いので、これ以上の情報をわざわざWMIで調べる必然性は低い。

ConfigManagerUserConfigは読み出し専用の論理型で、ユーザーがデバイスの構成を変更しているならTrueとなる。

**Availability と NetEnabled、NetConnectionStatus、Status、StatusInfo、TimeOfLastReset**

Availability は読み出し専用の 16 ビット整数で、アダプターのデバイスとしての可用性や状態を示す値。設定値は以下の通り。

| 設定値 | 意味 |
|---|---|
| 1 | その他 |
| 2 | 状態は不明 |
| 3 | 稼働中またはフルパワー |
| 4 | 警告状態 |
| 5 | テスト中 |
| 6 | 不適切な状態 |
| 7 | 電源断 |
| 8 | アダプターがオフライン（ケーブルが抜けているわけではない） |
| 9 | 未使用 |
| 10 | 劣化 |
| 11 | インストールされていない |
| 12 | インストールに失敗している |
| 13 | 状態不明の省力モード |
| 14 | 省電力による省力モードでパフォーマンスは抑えられている |
| 15 | スタンバイ状態の省力モードなので解除されなければ機能しない |
| 16 | 電源を切って再投入中 |
| 17 | 警告状態の省力モード |
| 18 | 休止状態 |
| 19 | 準備ができていない |
| 20 | 未構成 |
| 21 | 反応しない |

```
PS C:¥WINDOWS¥system32> Get-WmiObject -Class Win32_NetworkAdapter | format-table Capt
ion,Availability


Caption                                          Availability
-------                                          ------------
[00000000] Realtek PCIe GBE Family Controller               3
[00000001] Microsoft Kernel Debug Network Adapter           3
[00000002] Realtek PCIe GBE Family Controller               3
[00000003] Microsoft ISATAP Adapter                         3
[00000004] Microsoft Teredo Tunneling Adapter               3
```

```
[00000006] Microsoft ISATAP Adapter                                  3
```

NetEnabled はネットワークが有効である場合に True になる、読み出し専用の論理型値。
利用中のアダプターを調べたいなら、このプロパティが True であるものでフィルターする
のが一番簡単だろう。有効でない場合は False になるのではなく値がない。

NetConnectionStatus はネットワークとの接続状態を表す、読み出し専用の 16 ビット
整数。値の意味は以下の通り。

| 設定値 | 意味 |
|---|---|
| 0 | Disconnected（切断） |
| 1 | Connecting（接続中） |
| 2 | Connected（接続） |
| 3 | Disconnecting（切断中） |
| 4 | Hardware not present（ハードウエアがありません） |
| 5 | Hardware disabled（ハードウエアが無効です） |
| 6 | Hardware malfunction（ハードウエアが正しく動作していません） |
| 7 | Media disconnected（メディアが切断されています） |
| 8 | Authenticating（認証中） |
| 9 | Authentication succeeded（認証は成功しました） |
| 10 | Authentication failed（認証は失敗しました） |
| 11 | Invalid address（アドレスが無効です） |
| 12 | Credentials required（資格情報が必要です） |

実際には、値 0（Disconnected）と 2（Connected）以外はほとんど見かけない。値が 5
である場合は、ユーザーがデバイスマネージャなどでデバイスを無効にしている。

これらのプロパティは単一のアダプターしかないリモートマシンの場合はほとんど意味が
ない。接続そのものができなくなるので、確認しようがないからだ。複数のアダプターが
あって一部が使用できない場合の診断であれば、リモートから確認する意味はあるだろう。
多重化されたネットワークの一部が切断されている時、マシンの側の問題なのかネットワー
クの問題なのかを素早く診断するにはもってこいである。

Status はアダプターの状態を表す、読み出し専用の文字列。実装されていないことも多
い。取りうる値は以下の通り。

| 値 | 意味 |
|---|---|
| OK | OK |
| Error | エラー |
| Degraded | 劣化 |
| Unknown | 未知の状況 |
| Pred Fail | 障害が予測される状況 |
| Starting | 開始中 |
| Stopping | 停止中 |
| Service | 管理作業の実行中 |
| Stressed | ストレスを受けている |
| NonRecover | 回復できない |
| No Contact | 接続できない |
| Lost Comm | 通信を失った |

StatusInfo はアダプターの状態を表す、読み出し専用の 16 ビット整数。Status とは直接は対応していない。実装されていないことも多い。

| 設定値 | 意味 |
|---|---|
| 1 | その他 |
| 2 | 不明 |
| 3 | 有効 |
| 4 | 無効 |
| 5 | 適用不能 |

TimeOfLastReset はアダプターが最後にリセットされた日時を表す、日付時間型。

### PowerManagementSupported と PowerManagementCapabilities

PowerManagementSupported は電源管理が可能なアダプターであれば True になる、読み出し専用の論理型値。False の場合には PowerManagementCapabilities は設定されない。

PowerManagementCapabilities は利用可能な電源管理機能を表す数値を格納した、読み出し専用の 16 ビット整数配列。

| 設定値 | 意味 |
|---|---|
| 0 | 不明 |
| 1 | サポートしない |
| 2 | 無効 |

| 設定値 | 意味 |
|---|---|
| 3 | 有効だが詳細は不明 |
| 4 | 省電力モードは自動的に機能する |
| 5 | SetPowerState メソッドを使用して電源管理が可能 |
| 6 | 5 に加えて SetPowerState メソッドを使用して電源の再投入が可能 |
| 7 | 5 に加えて SetPowerState メソッドを使用して時間指定の電源投入が可能 |

### LastErrorCode と ErrorCleared、ErrorDescription

LastErrorCode は読み出し専用の 32 ビット整数で、アダプターに発生したエラーの最新のエラーコードを示す値が保管されている。ErrorCleared は読み出し専用の論理型。ErrorCleared が True の場合は LastErrorCode のエラーは解決済みである。

ErrorDescription は LastErrorCode のエラーの説明を表す、読み出し専用の文字列。一般的に内容はそれほど詳しくはない。

### Speed と MaxNumberControlled、MaxSpeed

MaxNumberControlled はアダプターがサポートする直接アドレスポートの最大数を表す、読み出し専用の 32 ビット整数。不明の場合は 0。

MaxSpeed はビット毎秒での最大速度を表す、読み出し専用の 64 ビット整数。

Speed は現在のビット毎秒での速度を表す、読み出し専用の 32 ビット整数。実測値を反映できない場合は推定値または公称値であることもある。

### MACAddress と NetworkAddresses、PermanentAddress

MACAddress はアダプターのメディアアクセス制御アドレス、つまり MAC アドレスを格納する、読み出し専用の文字列。仮想アダプターなどで MAC アドレスがないこともある。

NetworkAddresses はアダプターのネットワークアドレスを格納する、読み出し専用の文字列。ここに値があるのは、アダプターそのものに設定してある場合に限られる。

PermanentAddress はアダプターのネットワークアドレスを格納する、読み出し専用の文字列。ここに値があるの、はアダプターそのものに設定してある場合に限られる。

### ■ Win32_NetworkAdapter のメソッド

Win32_NetworkAdapter のメソッドについて解説しておこう。Win32_NetworkAdapter のメソッドはたったの 4 つである。

**Enable、Disable**

　Enableメソッドはネットワークアダプターを有効にする。Disableメソッドはネットワークアダプターを無効にする。どちらもパラメーターなしで使用する。たとえば、

```
PS C:\Windows\system32> (Get-WmiObject -Class Win32_NetworkAdapter -Filter DeviceID=
10).Enable()
PS C:\Windows\system32> (Get-WmiObject -Class Win32_NetworkAdapter -Filter DeviceID=
10).Disable()
```

というようにすることで、ネットワークアダプターを有効にしたり無効にしたりできる。コントロールパネルなどで表示されないトンネルアダプターのような仮想アダプターは、有効にすることも無効にすることもできない。そのようなアダプターではエラーになるのではなく、例外が発生することに注意。有効化できた場合は0を返す。ここで注意すべきなのは、戻り値もオブジェクトであるということ。

```
PS C:\WINDOWS\system32> (Get-WmiObject -Class Win32_NetworkAdapter -Filter DeviceID=
10).Enable()


__GENUS          : 2
__CLASS          : __PARAMETERS
__SUPERCLASS     :
__DYNASTY        : __PARAMETERS
__RELPATH        :
__PROPERTY_COUNT : 1
__DERIVATION     : {}
__SERVER         :
__NAMESPACE      :
__PATH           :
ReturnValue      : 0
PSComputerName   :
```

自動的に型変換してくれるわけではないので、そのまま数値と計算したりはできない。

第3章　WMI を調べものに使う

```
PS C:¥WINDOWS¥system32> ((Get-WmiObject -Class Win32_NetworkAdapter -Filter DeviceID=
1).Enable()) + 1
[System.Management.ManagementBaseObject] に 'op_Addition' という名前のメソッドが含まれないた
め、メソッドの呼び出しに失敗しました。
発生場所 行:1 文字:1
+ ((Get-WmiObject -Class Win32_NetworkAdapter -Filter DeviceID=1).Enabl ...
+ ~~~~~~~~~~~~~~~~~~~~~~~~~~~~~~~~~~~~~~~~~~~~~~~~~~~~~~~~~~~~~~~~~~~~~~~~
    + CategoryInfo          : InvalidOperation: (op_Addition:String) []、RuntimeExcept
                              ion
    + FullyQualifiedErrorId : MethodNotFound
```

それでも、複数のアダプターに対してエラーに無関係にすべて有効化を試みて、後からエ
ラーがあったかどうかを確認するというような利用法をする場合は、数値として扱いたい場
合もある。そんな時は、

```
PS C:¥WINDOWS¥system32> ((Get-WmiObject -Class Win32_NetworkAdapter -Filter DeviceID=
1).Enable()).ReturnValue + 1
1
```

というように .ReturnValue を付ければ数値として認識される。
　一度にすべてのアダプターを有効にする場合は、Foreach-Object コマンドレットを使
えばよいのだが、Enable メソッドが無効であるアダプターが例外を投げるし、成功した場
合も結果の値のオブジェクトが表示されるだけなので、表示上に若干問題がある。

```
PS C:¥WINDOWS¥system32> Get-WmiObject -class Win32_NetworkAdapter | ForEach-Object
{$_.Enable();}


__GENUS          : 2
__CLASS          : __PARAMETERS
__SUPERCLASS     :
__DYNASTY        : __PARAMETERS
__RELPATH        :
```

48

```
__PROPERTY_COUNT : 1
__DERIVATION     : {}
__SERVER         :
__NAMESPACE      :
__PATH           :
ReturnValue      : 0
PSComputerName   :


"Enable" の呼び出し中に例外が発生しました: "無効なメソッドのパラメーターです "
発生場所 行:1 文字:61
+ ... WmiObject -class Win32_NetworkAdapter | ForEach-Object {$_.Enable();}
+                                                             ~~~~~~~~~~~
    + CategoryInfo          : NotSpecified: (:) [], MethodInvocationException
    + FullyQualifiedErrorId : WMIMethodException


__GENUS          : 2
__CLASS          : __PARAMETERS
__SUPERCLASS     :
__DYNASTY        : __PARAMETERS
__RELPATH        :
__PROPERTY_COUNT : 1
__DERIVATION     : {}
__SERVER         :
__NAMESPACE      :
__PATH           :
ReturnValue      : 0
PSComputerName   :

…… (以下略) ……
```

　Win32_NetworkAdapter の Enable、Disable メソッドのこの例外は、全体の流れを止めないので目的は達成されるものの、この表示では何がどうなったのかさっぱりわからない。どのアダプターが有効になったのかすら不明だ。そこで、try ~ catch を使いつつ、DeviceID と Name を表示して実行結果を確認できるようにしてみよう。

第 3 章　WMI を調べものに使う

```
PS C:¥WINDOWS¥system32> Get-WmiObject -class Win32_NetworkAdapter | ForEach-Object {$
a = $_; try { $a.Enable() > $null ; Write-host "Enable",$a.DeviceID,$a.Name; } catch
[System.Exception] { Write-Host "ignore",$a.DeviceID,$a.Name; }}
Enable 0 Realtek PCIe FE Family Controller
ignore 1 Microsoft Kernel Debug Network Adapter
Enable 2 Intel(R) Centrino(R) Wireless-N 2230
ignore 4 Microsoft Wi-Fi Direct Virtual Adapter
ignore 13 Microsoft ISATAP Adapter
ignore 14 Teredo Tunneling Pseudo-Interface
Enable 15 Bluetooth Device (Personal Area Network)
ignore 16 Bluetooth Device (RFCOMM Protocol TDI)
```

### Reset

　Reset メソッドはネットワークアダプターをリセットする。パラメーターなしで使用する。たとえば、

```
PS C:¥Windows¥system32> (Get-WmiObject -Class Win32_NetworkAdapter -Filter DeviceID=
10).Reset()
```

というようにすることで、リセットをサポートしていればネットワークアダプターをリセットできる。多くの場合、アダプターはリセットを実装していないようだ。

### SetPowerState

　PowerManagementSupported が True であるネットワークアダプターの電源状態を制御する。ひとつ、またはふたつのパラメーターを持つ。

| パラメーター | 型 | 解説 |
|---|---|---|
| PowerState | Uint16 | 設定したいアダプターの電源状態 |
| Time | String | PowerState の設定値が 5 の場合に設定する、実施時間のシリアル値。省略可能 |

50

PowerState には以下の値のうちひとつをセットする。

| 設定値 | 意味 |
| --- | --- |
| 1 | フルパワー |
| 2 | 省電力モード（節電） |
| 3 | 省電力モード（スタンバイ） |
| 4 | 省電力モード（その他） |
| 5 | 電源再投入 |
| 6 | 電源断 |

電源状態を変更する機能はハードウエアとそのデバイスドライバーが対応している場合のみ機能する。

## ■ Win32_NetworkAdapter の活用例

Win32_NetworkAdapter はネットワークアダプターのデバイスとしての情報を得るために使用する。おそらく、有効なアダプターをチェックするために利用することになるだろう。たとえば、ネットワークに接続されているアダプターを確認するには、以下のように -Filter オプションで NetEnabled=True を指定して、オンラインになっているアダプターを確認できる。

```
PS C:\Windows\system32> Get-WmiObject -Class Win32_NetworkAdapter -Filter NetEnabled=
True

ServiceName      : e1iexpress
MACAddress       : 00:0C:29:4E:A3:0F
AdapterType      : イーサネット 802.3
DeviceID         : 10
Name             : Intel(R) 82574L Gigabit Network Connection
NetworkAddresses :
Speed            : 1000000000
```

-Filter オプションで PhysicalAdapter=True を指定すれば、仮想アダプターではない物理デバイスであるアダプターを確認できる。

第3章 WMI を調べものに使う

```
PS C:¥Windows¥system32> Get-WmiObject -Class Win32_NetworkAdapter -Filter PhysicalAda
pter=True

ServiceName      : e1iexpress
MACAddress       : 00:0C:29:4E:A3:0F
AdapterType      : イーサネット 802.3
DeviceID         : 10
Name             : Intel(R) 82574L Gigabit Network Connection
NetworkAddresses :
Speed            : 1000000000
```

マシン上のネットワークアダプターの一覧を得たいなら、

```
PS C:¥WINDOWS¥system32> Get-WmiObject -class Win32_NetworkAdapter | Select-Object -Pr
operty DeviceID,InterfaceIndex,Name,NetEnabled,PhysicalAdapter | ConvertTo-Csv
#TYPE Selected.System.Management.ManagementObject
"DeviceID","InterfaceIndex","Name","NetEnabled","PhysicalAdapter"
"0","3","Realtek PCIe FE Family Controller","False","True"
"1","7","Microsoft Kernel Debug Network Adapter",,"False"
"2","5","Intel(R) Centrino(R) Wireless-N 2230","False","True"
"4","2","Microsoft Wi-Fi Direct Virtual Adapter",,"False"
"13","8","Microsoft ISATAP Adapter",,"False"
"14","9","Teredo Tunneling Pseudo-Interface",,"False"
"15","4","Bluetooth Device (Personal Area Network)","False","True"
"16","6","Bluetooth Device (RFCOMM Protocol TDI)",,"False"
```

というように、必要なフィールドに絞って CSV 化しておけば、情報として活用しやすいだ
ろう。

### 3.2.2 Win32_NetworkAdapterConfiguration

Win32_NetworkAdapterConfiguration はネットワークアダプターの構成情報が保存さ
れている。TCP/IP や IPX の情報は、この WMI オブジェクトを使用して参照したり変更し
たりすることができる。名称から想像すると、このクラスには個別のアダプターの構成が実

装されているようにも見えるが、一部の構成はネットワークアダプター全体で共通の構成であることに注意する必要がある。そのような項目は個別のアダプターのオブジェクトでは参照することはできても、変更することはできない。その場合には、

```
PS C:¥WINDOWS¥system32> $nacclass = [wmiclass]'Win32_NetworkAdapterConfiguration'
```

というようにして、クラス全体のテンプレート的なオブジェクトを使う必要がある。

## ■ Win32_NetworkAdapterConfiguration のプロパティ

Win32_NetworkAdapterConfiguration には多数のプロパティが含まれている。イーサネットと TCP/IP ベースのネットワークが全盛の現代では、一般的に利用されていない項目もある。

たとえば、

```
PS C:¥WINDOWS¥system32> $nacclass = [wmiclass]'Win32_NetworkAdapterConfiguration'
PS C:¥WINDOWS¥system32> $nac2=Get-WmiObject Win32_NetworkAdapterConfiguration -Filter
  Index=2
```

として、Win32_NetworkAdapterConfiguration クラスの新しいオブジェクトと、実際のアダプターのオブジェクトを取得する。$nacclass のメンバーをチェックしてみると、

```
PS C:¥Windows¥system32> $nacclass | Get-Member


   TypeName: System.Management.ManagementClass#ROOT¥cimv2¥Win32_NetworkAdapterConf
iguration

Name                      MemberType    Definition
----                      ----------    ----------
Name                      AliasProperty Name = __Class
PSComputerName            AliasProperty PSComputerName = __SERVER
```

| | | |
|---|---|---|
| EnableDNS | Method | System.Management.ManagementBaseO... |
| EnableIPFilterSec | Method | System.Management.ManagementBaseO... |
| EnableWINS | Method | System.Management.ManagementBaseO... |
| ReleaseDHCPLeaseAll | Method | System.Management.ManagementBaseO... |
| RenewDHCPLeaseAll | Method | System.Management.ManagementBaseO... |
| SetArpAlwaysSourceRoute | Method | System.Management.ManagementBaseO... |
| SetArpUseEtherSNAP | Method | System.Management.ManagementBaseO... |
| SetDatabasePath | Method | System.Management.ManagementBaseO... |
| SetDeadGWDetect | Method | System.Management.ManagementBaseO... |
| SetDefaultTOS | Method | System.Management.ManagementBaseO... |
| SetDefaultTTL | Method | System.Management.ManagementBaseO... |
| SetDNSSuffixSearchOrder | Method | System.Management.ManagementBaseO... |
| SetForwardBufferMemory | Method | System.Management.ManagementBaseO... |
| SetIGMPLevel | Method | System.Management.ManagementBaseO... |
| SetIPUseZeroBroadcast | Method | System.Management.ManagementBaseO... |
| SetIPXVirtualNetworkNumber | Method | System.Management.ManagementBaseO... |
| SetKeepAliveInterval | Method | System.Management.ManagementBaseO... |
| SetKeepAliveTime | Method | System.Management.ManagementBaseO... |
| SetMTU | Method | System.Management.ManagementBaseO... |
| SetNumForwardPackets | Method | System.Management.ManagementBaseO... |
| SetPMTUBHDetect | Method | System.Management.ManagementBaseO... |
| SetPMTUDiscovery | Method | System.Management.ManagementBaseO... |
| SetTcpMaxConnectRetransmissions | Method | System.Management.ManagementBaseO... |
| SetTcpMaxDataRetransmissions | Method | System.Management.ManagementBaseO... |
| SetTcpNumConnections | Method | System.Management.ManagementBaseO... |
| SetTcpUseRFC1122UrgentPointer | Method | System.Management.ManagementBaseO... |
| SetTcpWindowSize | Method | System.Management.ManagementBaseO... |
| __CLASS | Property | string __CLASS {get;set;} |
| __DERIVATION | Property | string[] __DERIVATION {get;set;} |
| __DYNASTY | Property | string __DYNASTY {get;set;} |
| __GENUS | Property | int __GENUS {get;set;} |
| __NAMESPACE | Property | string __NAMESPACE {get;set;} |
| __PATH | Property | string __PATH {get;set;} |
| __PROPERTY_COUNT | Property | int __PROPERTY_COUNT {get;set;} |
| __RELPATH | Property | string __RELPATH {get;set;} |
| __SERVER | Property | string __SERVER {get;set;} |
| __SUPERCLASS | Property | string __SUPERCLASS {get;set;} |
| ConvertFromDateTime | ScriptMethod | System.Object ConvertFromDateTime(); |
| ConvertToDateTime | ScriptMethod | System.Object ConvertToDateTime(); |

というようにほとんどメソッドだけで、プロパティは WMI のクラス構造に依存するものだけであることがわかる。一方、実際のアダプターのオブジェクトのメンバーを調べてみると、

```
PS C:¥Windows¥system32> $nac2 | Get-Member


   TypeName: System.Management.ManagementObject#root¥cimv2¥Win32_NetworkAdapterConfiguration


Name                          MemberType    Definition
----                          ----------    ----------
PSComputerName                AliasProperty PSComputerName = __SERVER
DisableIPSec                  Method        System.Management.ManagementBaseObje...
EnableDHCP                    Method        System.Management.ManagementBaseObje...
EnableIPSec                   Method        System.Management.ManagementBaseObje...
EnableStatic                  Method        System.Management.ManagementBaseObje...
ReleaseDHCPLease              Method        System.Management.ManagementBaseObje...
RenewDHCPLease                Method        System.Management.ManagementBaseObje...
SetDNSDomain                  Method        System.Management.ManagementBaseObje...
SetDNSServerSearchOrder       Method        System.Management.ManagementBaseObje...
SetDynamicDNSRegistration     Method        System.Management.ManagementBaseObje...
SetGateways                   Method        System.Management.ManagementBaseObje...
SetIPConnectionMetric         Method        System.Management.ManagementBaseObje...
SetIPXFrameTypeNetworkPairs   Method        System.Management.ManagementBaseObje...
SetTcpipNetbios               Method        System.Management.ManagementBaseObje...
SetWINSServer                 Method        System.Management.ManagementBaseObje...
ArpAlwaysSourceRoute          Property      bool ArpAlwaysSourceRoute {get;set;}
ArpUseEtherSNAP               Property      bool ArpUseEtherSNAP {get;set;}
Caption                       Property      string Caption {get;set;}
DatabasePath                  Property      string DatabasePath {get;set;}
DeadGWDetectEnabled           Property      bool DeadGWDetectEnabled {get;set;}
DefaultIPGateway              Property      string[] DefaultIPGateway {get;set;}
DefaultTOS                    Property      byte DefaultTOS {get;set;}
DefaultTTL                    Property      byte DefaultTTL {get;set;}
Description                   Property      string Description {get;set;}
DHCPEnabled                   Property      bool DHCPEnabled {get;set;}
DHCPLeaseExpires              Property      string DHCPLeaseExpires {get;set;}
DHCPLeaseObtained             Property      string DHCPLeaseObtained {get;set;}
```

```
DHCPServer                      Property    string DHCPServer {get;set;}
DNSDomain                       Property    string DNSDomain {get;set;}
DNSDomainSuffixSearchOrder      Property    string[] DNSDomainSuffixSearchOrder ...
DNSEnabledForWINSResolution     Property    bool DNSEnabledForWINSResolution {ge...
DNSHostName                     Property    string DNSHostName {get;set;}
DNSServerSearchOrder            Property    string[] DNSServerSearchOrder {get;s...
DomainDNSRegistrationEnabled    Property    bool DomainDNSRegistrationEnabled {g...
ForwardBufferMemory             Property    uint32 ForwardBufferMemory {get;set;}
FullDNSRegistrationEnabled      Property    bool FullDNSRegistrationEnabled {get...
GatewayCostMetric               Property    uint16[] GatewayCostMetric {get;set;}
IGMPLevel                       Property    byte IGMPLevel {get;set;}
Index                           Property    uint32 Index {get;set;}
InterfaceIndex                  Property    uint32 InterfaceIndex {get;set;}
IPAddress                       Property    string[] IPAddress {get;set;}
IPConnectionMetric              Property    uint32 IPConnectionMetric {get;set;}
IPEnabled                       Property    bool IPEnabled {get;set;}
IPFilterSecurityEnabled         Property    bool IPFilterSecurityEnabled {get;set;}
IPPortSecurityEnabled           Property    bool IPPortSecurityEnabled {get;set;}
IPSecPermitIPProtocols          Property    string[] IPSecPermitIPProtocols {get...
IPSecPermitTCPPorts             Property    string[] IPSecPermitTCPPorts {get;set;}
IPSecPermitUDPPorts             Property    string[] IPSecPermitUDPPorts {get;set;}
IPSubnet                        Property    string[] IPSubnet {get;set;}
IPUseZeroBroadcast              Property    bool IPUseZeroBroadcast {get;set;}
IPXAddress                      Property    string IPXAddress {get;set;}
IPXEnabled                      Property    bool IPXEnabled {get;set;}
IPXFrameType                    Property    uint32[] IPXFrameType {get;set;}
IPXMediaType                    Property    uint32 IPXMediaType {get;set;}
IPXNetworkNumber                Property    string[] IPXNetworkNumber {get;set;}
IPXVirtualNetNumber             Property    string IPXVirtualNetNumber {get;set;}
KeepAliveInterval               Property    uint32 KeepAliveInterval {get;set;}
KeepAliveTime                   Property    uint32 KeepAliveTime {get;set;}
MACAddress                      Property    string MACAddress {get;set;}
MTU                             Property    uint32 MTU {get;set;}
NumForwardPackets               Property    uint32 NumForwardPackets {get;set;}
PMTUBHDetectEnabled             Property    bool PMTUBHDetectEnabled {get;set;}
PMTUDiscoveryEnabled            Property    bool PMTUDiscoveryEnabled {get;set;}
ServiceName                     Property    string ServiceName {get;set;}
SettingID                       Property    string SettingID {get;set;}
TcpipNetbiosOptions             Property    uint32 TcpipNetbiosOptions {get;set;}
TcpMaxConnectRetransmissions    Property    uint32 TcpMaxConnectRetransmissions ...
TcpMaxDataRetransmissions       Property    uint32 TcpMaxDataRetransmissions {ge...
```

```
TcpNumConnections           Property      uint32 TcpNumConnections {get;set;}
TcpUseRFC1122UrgentPointer  Property      bool TcpUseRFC1122UrgentPointer {get...
TcpWindowSize               Property      uint16 TcpWindowSize {get;set;}
WINSEnableLMHostsLookup     Property      bool WINSEnableLMHostsLookup {get;set;}
WINSHostLookupFile          Property      string WINSHostLookupFile {get;set;}
WINSPrimaryServer           Property      string WINSPrimaryServer {get;set;}
WINSScopeID                 Property      string WINSScopeID {get;set;}
WINSSecondaryServer         Property      string WINSSecondaryServer {get;set;}
__CLASS                     Property      string __CLASS {get;set;}
__DERIVATION                Property      string[] __DERIVATION {get;set;}
__DYNASTY                   Property      string __DYNASTY {get;set;}
__GENUS                     Property      int __GENUS {get;set;}
__NAMESPACE                 Property      string __NAMESPACE {get;set;}
__PATH                      Property      string __PATH {get;set;}
__PROPERTY_COUNT            Property      int __PROPERTY_COUNT {get;set;}
__RELPATH                   Property      string __RELPATH {get;set;}
__SERVER                    Property      string __SERVER {get;set;}
__SUPERCLASS                Property      string __SUPERCLASS {get;set;}
DHCP                        PropertySet   DHCP {Description, DHCPEnabled, DHCP...
DNS                         PropertySet   DNS {Description, DNSDomain, DNSDoma...
IP                          PropertySet   IP {Description, Index, IPAddress, I...
PSStatus                    PropertySet   PSStatus {DHCPLeaseExpires, Index, D...
WINS                        PropertySet   WINS {Description, Index, WINSEnable...
ConvertFromDateTime         ScriptMethod  System.Object ConvertFromDateTime();
ConvertToDateTime           ScriptMethod  System.Object ConvertToDateTime();
```

というように、大量のプロパティとメソッドが定義されている。メソッドの中で全体に影響
するものは、アダプターのオブジェクトには定義されていない。

### ArpAlwaysSourceRoute と ArpUseEtherSNAP

　ArpAlwaysSourceRoute は読み出し専用の論理型値で、IP ブロードキャストのソースルー
ティングが有効であれば True。ArpUseEtherSNAP は読み出し専用の論理型値で、TCP/IP
でイーサネットパケットを 802.3 SNAP エンコーディングで送信するなら True、DIX イー
サネット形式で送信するなら False。

### Caption と Description、ServiceName

Caption は名称を表す、読み出し専用の文字列。説明的ではあっても一行に収まるもの。Description はオブジェクトの説明を記述した、読み出し専用の文字列。Win32_NetworkAdapterConfiguration ではアダプターの名称が設定されている。ServiceName はアダプターの略称を表す、読み出し専用文字列。Caption や Description はシステム言語に影響される場合もあるが、ServiceName はアダプターの種類で一意になるので、プログラムなどで判別する時に便利である。

### DatabasePath

DatabasePath は読み出し専用の文字列で、Windows Sockets インターフェイスで使用される標準的なインターネットデータベースファイル（hosts、lmhosts、networks、protocol および services）が配置されるディレクトリパス。

### DeadGWDetectEnabled

DeadGWDetectEnabled は読み出し専用の論理型値で、True の場合はゲートウェイの停止を検出する。ゲートウェイが反応しなければ、バックアップゲートウェイに変更される。

### DefaultIPGateway と GatewayCostMetric

DefaultIPGateway は読み出し専用の文字列配列で、システムが使用するデフォルトゲートウェイの IP アドレスの配列。GatewayCostMetric は読み出し専用の 16 ビット整数配列。コストメトリック値（1 から 9999 までの範囲）の整数配列は、速度、信頼性またはリソース消費に関連したルートの計算に使用される。DefaultIPGateway プロパティに対応する。

### DefaultTOS

DefaultTOS は読み出し専用の 8 ビット整数で、発信 IP パケットのヘッダーに設定するデフォルトの TOS 値（RFC 791 の値）。

### DefaultTTL

DefaultTTL は読み出し専用の 8 ビット整数で、送信 IP パケットのヘッダーに設定するデフォルトの TTL 値。TTL は IP パケットが破棄される前に、その宛先に到達するために通

過できるルーターの数を指定する。

### DHCPServer と DHCPEnabled、DHCPLeaseExpires、DHCPLeaseObtained

DHCPServer は読み出し専用の文字列で、IP アドレスを借り出した DHCP サーバーの IP アドレス。DHCPEnabled は読み出し専用の論理型値で、True であればネットワーク接続を確立する時に DHCP を使用する。DHCPLeaseExpires は読み出し専用の日付型で、DHCP によって割り当てられた IP アドレスの貸出期限。DHCPLeaseObtained は読み出し専用の日付型で、DHCP によって割り当てられた IP アドレスの貸出日時。

### DNSDomain と DNSHostName

DNSDomain はいわゆるドメイン名を表す、読み出し専用文字列。DNSHostName は自身のホスト名を表す、読み出し専用の文字列。基本的には Windows のマシン名と同じ。

### DNSEnabledForWINSResolution

DNSEnabledForWINSResolution は読み出し専用の論理型値で、True であれば名前解決において WINS に対して DNS を優先的に使用する。DNS で名前解決できない場合は WINS を使用する。

### DNSServerSearchOrder と DNSDomainSuffixSearchOrder、
### DomainDNSRegistrationEnabled、FullDNSRegistrationEnabled

DNSServerSearchOrder は読み出し専用の文字列で、DNS サーバーの IP アドレスのリスト。スペースで区切って列挙されている。DNSDomainSuffixSearchOrder は名前解決の際に使用する DNS サフィックスのリストとなる、読み出し専用の文字列。ドメイン名をスペースで区切って列挙される。DomainDNSRegistrationEnabled は読み出し専用の論理型値で、True であれば自身のホスト名と IP アドレスが DNS に登録される。FullDNSRegistrationEnabled は読み出し専用の論理型値で、True の場合はコンピューターの FQDN で DNS に登録される。

### ForwardBufferMemory と NumForwardPackets

ForwardBufferMemory は読み出し専用の 32 ビット整数で、IP ルーティングが有効である場合に、転送するパケットを格納しておくパケットキューのメモリ割り当てバイト

数。NumForwardPackets は読み出し専用の 32 ビット整数で、IP ルーティングが有効である場合に、パケットキューに割り当てられるパケットヘッダーの数。パケットキューのバッファは 256 バイト単位なので、ForwardBufferMemory の値は 256 の倍数で、ネットワーク MTU の値より大きく 0xFFFFFFFF より小さい値になる。デフォルト値は 74240。NumForwardPackets は ForwardBufferMemory に収まる数でなければならない。パケットキューがメモリ量またはヘッダー数でいっぱいになった状態で新しいパケットを受信すると、パケットキューからランダムに選択されたパケットが破棄される。

### IGMPLevel

IGMPLevel は IP マルチキャストのサポート状況を表す、読み出し専用の 8 ビット整数。0 の場合、IP マルチキャストをサポートしない。1 の場合は、IP マルチキャストを送信できる。2 の場合は IP マルチキャストを送信し、なおかつ受信するために IGMP に参加できる。デフォルトは 2。

### Index と InterfaceIndex

Index はネットワークアダプターのインデックス番号を表す、32 ビット整数。InterfaceIndex はネットワークインターフェイスのインデックス番号を表す、32 ビット整数。ルーティングテーブルで使用されるインデックス番号に相当する。

### IPEnabled

IPEnabled はアダプターが TCP/IP を使用している時に True となる、読み出し専用の論理値。

### IPAddress と IPSubnet、MACAddress、MTU、IPConnectionMetric

IPAddress は設定されている IP アドレスを表す、読み出し専用の文字列配列。IPSubnet はアダプターのサブネットマスクの配列である、読み出し専用の文字列配列。MACAddress は MAC アドレスを表す、読み出し専用の文字列。MTU は最大伝送単位（MTU）の現在値を表す、読み出し専用の 32 ビット整数。IPConnectionMetric は読み出し専用の 32 ビット整数で、アダプターが属しているインターフェイスがルーティングテーブルで使用されているメトリック値の最小の値。

## IPFilterSecurityEnabled

IPFilterSecurityEnabled はアダプターの IP フィルターが有効になっている場合に True となる、読み出し専用の論理値。

## IPSecPermitIPProtocols と IPSecPermitTCPPorts、IPSecPermitUDPPorts

IPSecPermitIPProtocols は IP で使用できるプロトコルのリストである、読み出し専用文字列配列。空配列の場合は IP が使用できるプロトコルはない。文字列ではあるが格納されるのはプロトコル番号である。"0" だけの場合はすべてのプロトコルで許可される。

IPSecPermitTCPPorts は TCP で使用できるポートのリストである、読み出し専用文字列配列。空配列の場合は TCP が使用できるポートはない。"0" だけの場合はすべてのポートで許可される。

IPSecPermitUDPPorts は UDP で使用できるポートのリストである、読み出し専用文字列配列。空配列の場合は UDP が使用できるポートはない。"0" だけの場合はすべてのポートで許可される。

## IPUseZeroBroadcast

IPUseZeroBroadcast は読み出し専用の論理値で、True の場合は BSD の実装と同様に 0.0.0.0 をブロードキャストに使用する。デフォルトは False で 255.255.255.255 をブロードキャストに使用する。

## KeepAliveInterval と KeepAliveTime、TcpMaxDataRetransmissions、TcpMaxConnectRetransmissions

KeepAliveInterval と KeepAliveTime は読み出し専用の 32 ビット整数で、単位はミリ秒。TcpMaxDataRetransmissions と TcpMaxConnectRetransmissions は読み出し専用の 32 ビット整数で、単位は回。応答が返ってくるまでキープアライブを再送する間隔が KeepAliveInterval。単位はミリ秒。応答がないまま TcpMaxDataRetransmissions 回過ぎてしまった場合は、接続が中断される。応答を確認した次のキープアライブは KeepAliveTime 後になる。つまり、KeepAliveTime はアイドル状態の TCP 接続においてキープアライブを送る間隔である。TcpMaxConnectRetransmissions は接続の終了前に TCP が接続要求を再転送する回数。

### PMTUBHDetectEnabled と PMTUDiscoveryEnabled

PMTUDiscoveryEnabled は読み出し専用の論理値で、True なら接続先までのパスで使用できる MTU を検出する。False なら、経路上により小さい MTU がある場合は追加の断片化が発生するかもしれない。デフォルトは True。PMTUBHDetectEnabled は読み出し専用の論理値で、True なら経路上の MTU を検出する時にブラックホールルーターをチェックする。こちらのデフォルトは False。

### TcpNumConnections

TcpNumConnections は TCP 接続の最大数を表す、読み出し専用 32 ビット整数。デフォルトは最大値 16777214 になっている。

### TcpUseRFC1122UrgentPointer

TcpUseRFC1122UrgentPointer は読み出し専用の論理値で、デフォルトの False の場合は BSD 方式で TCP 緊急データを処理する。True なら RFC1122 のやり方になる。

### TcpWindowSize

TcpWindowSize は TCP 受信ウインドウの最大サイズを表す、読み出し専用の 16 ビット整数。

### WINSEnableLMHostsLookup と WINSHostLookupFile

WINSEnableLMHostsLookup は読み出し専用の論理値。WINSHostLookupFile は読み出し専用の文字列。WINSHostLookupFile に指定されたパスにある名前解決の参照ファイルを WINS で使用するなら、WINSEnableLMHostsLookup が True になる。

### WINSPrimaryServer と WINSSecondaryServer、WINSScopeID

WINSPrimaryServer と WINSSecondaryServer はそれぞれ WINS サーバーのプライマリとセカンダリの IP アドレスを表す、読み出し専用文字列。WINSScopeID は読み出し専用文字列で、同じ ID 同士がネットワーク上でグループ化される。

## ■ Win32_NetworkAdapterConfiguration のメソッド

Win32_NetworkAdapterConfiguration のメソッドはコントロールパネルのアダプター
のプロパティの「インターネットプロトコルバージョン 4（TCP/IPv4）」などのプロパティ
の中の構成を行う。これらのメソッドは、以下のような同じ戻り値のセットを使っている。
状況にもよるが、0 以外は目的が達成されないものとして、ひとくくりに失敗したという処
理をしても構わないだろう。

| 戻り値 | 解説 |
|---|---|
| 0 | 成功かつ再起動不要 |
| 1 | 成功したが再起動が必要 |
| 64 | このメソッドはこのプラットフォーム上ではサポートされていない |
| 65 | 原因不明の失敗 |
| 66 | サブネットマスクが無効 |
| 67 | 返されたインスタンスの処理にエラーが発生 |
| 68 | 入力値が無効 |
| 69 | 5 つより多いゲートウェイを指定した |
| 70 | IP アドレスが無効 |
| 71 | ゲートウェイの IP アドレスが無効 |
| 72 | レジストリの要求された情報にアクセスできない |
| 73 | ドメイン名が無効 |
| 74 | ホスト名が無効 |
| 75 | WINS サーバーが定義されていない |
| 76 | ファイルが無効 |
| 77 | システムパスが無効 |
| 78 | ファイルをコピーできない |
| 79 | セキュリティパラメーターが無効 |
| 80 | TCP/IP サービスを構成できない |
| 81 | DHCP サービスを構成できない |
| 82 | DHCP からのリースを更新できない |
| 83 | DHCP からのリースを開放できない |
| 84 | このアダプターでは IP が無効 |
| 85 | このアダプターでは IPX が無効 |
| 86 | フレームまたはネットワーク番号が範囲外 |
| 87 | フレームのタイプが無効 |
| 88 | ネットワーク番号が無効 |
| 89 | ネットワーク番号が重複している |
| 90 | パラメーターが範囲外 |

| 戻り値 | 解説 |
|---|---|
| 91 | アクセスできない |
| 92 | メモリ不足 |
| 93 | すでに存在している |
| 94 | パスまたはファイル、オブジェクトが見つからない |
| 95 | サービスに通知できない |
| 96 | DNS サービスに通知できない |
| 97 | インターフェイスは構成できない |
| 98 | DHCP リースはどれも開放も更新もできない |
| 100 | このアダプターでは DHCP が無効 |
| 101 〜 | その他のエラー |

### EnableDHCP、RenewDHCPLease、RenewDHCPLeaseAll、ReleaseDHCPLease、ReleaseDHCPLeaseAll

　EnableDHCP メソッドは DHCP を有効にする。ReleaseDHCPLease メソッドは DHCP が有効である時、ネットワークアダプターの IP アドレスを開放する。ReleaseDHCPLeaseAll メソッドはすべての DHCP が有効なアダプターで IP アドレスを更新する。RenewDHCPLease メソッドは DHCP が有効である時、ネットワークアダプターの IP アドレスを更新する。RenewDHCPLeaseAll メソッドはすべての DHCP が有効なアダプターで IP アドレスを更新する。いずれのメソッドもパラメーターはない。

　アダプターのオブジェクトには ReleaseDHCPLeaseAll メソッドと RenewDHCPLeaseAll メソッドはないので、すべてのアダプターで IP アドレスを更新したい場合は、

```
PS C:¥WINDOWS¥system32> ([wmiclass]'Win32_NetworkAdapterConfiguration').RenewDHCPLeas
eAll()


__GENUS          : 2
__CLASS          : __PARAMETERS
__SUPERCLASS     :
__DYNASTY        : __PARAMETERS
__RELPATH        :
__PROPERTY_COUNT : 1
__DERIVATION     : {}
__SERVER         :
```

```
__NAMESPACE     :
__PATH          :
ReturnValue     : 0
PSComputerName  :
```

としてクラスのメソッドを使用する必要がある。ReturnValueが0は処理が成功して終了したことを示している。これは、従来のコマンドで ipconfig/renew を実行することと同等である。

### EnableDNS、SetDNSDomain、SetDNSServerSearchOrder、SetDNSSuffixSearchOrder、SetDynamicDNSRegistration

　これらのDNS関連のメソッドは、コントロールパネルのアダプターのプロパティの「インターネットプロトコルバージョン4（TCP/IPv4）」のプロパティ、「TCP/IPの詳細設定」の「DNS」プロパティページにある項目の構成を行う。

**図3.1●「TCP/IPの詳細設定」の「DNS」プロパティページ**

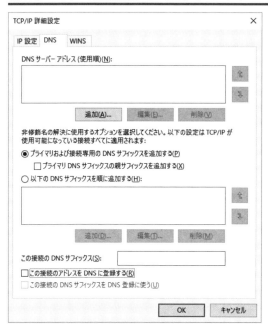

第 3 章　WMI を調べものに使う

EnableDNS メソッドは DNS を有効にする。パラメーターは 4 つまで設定でき、それぞれ先頭から順に以下の通り。

| パラメーター | 型 | 解説 |
|---|---|---|
| DNSHostName | String | DNS におけるホスト名 |
| DNSDomain | String | DNS におけるドメイン名 |
| DNSServerSearchOrder | String[] | DNS サーバーの IP アドレスの文字列を配列したもの |
| DNSDomainSuffixSearchOrder | String[] | ドメイン名の不足しているホスト名を名前解決する時に、ホスト名に追加して FQDN とするドメイン名のリストとなる文字列の配列 |

SetDNSDomain メソッドはアダプターに設定された IP アドレスに対するドメイン名を設定する。パラメーターは EnableDNS メソッドの第 2 パラメーター DNSDomain と同じ。

| パラメーター | 型 | 解説 |
|---|---|---|
| DNSDomain | String | DNS におけるドメイン名 |

SetDNSServerSearchOrder メソッドは問い合わせをする DNS サーバーの IP アドレスのリストを登録する。パラメーターは EnableDNS メソッドの第 3 パラメーター DNSServerSearchOrder と同じ。

| パラメーター | 型 | 解説 |
|---|---|---|
| DNSServerSearchOrder | String[] | DNS サーバーの IP アドレスの文字列を配列したもの |

SetDNSSuffixSearchOrder メソッドはホスト名に追加するドメインサフィックスのリストを登録する。パラメーターは EnableDNS メソッドの第 4 パラメーター DNSDomainSuffixSearchOrder と同じ。

| パラメーター | 型 | 解説 |
|---|---|---|
| DNSDomainSuffixSearchOrder | String[] | ドメイン名の不足しているホスト名を名前解決する時に、ホスト名に追加して FQDN とするドメイン名のリストとなる文字列の配列 |

SetDynamicDNSRegistration メソッドは動的 DNS に自身のアドレスを追加するかどうかを設定する。パラメーターはふたつまで設定でき（ひとつめは必須）、それぞれ先頭から順に以下の通り。

| パラメーター | 型 | 解説 |
|---|---|---|
| FullDNSRegistrationEnabled | Bool | True にするとこの接続のアドレスを DNS に登録する |
| DomainDNSRegistrationEnabled | Bool | True にすると DNSDomain を付けた FQDN として、この接続のアドレスを DNS に登録する |

66

EnableDNS メソッドと SetDNSSuffixSearchOrder メソッドはクラスのメソッドで、SetDNSDomain メソッドと SetDNSServerSearchOrder メソッドと SetDynamicDNSRegistration メソッドはオブジェクトのメソッドになる。オブジェクトのメソッドであるということは、それぞれのオブジェクトに違う値を設定できるということを意味している。たとえば、EnableDNS メソッドのパラメーターである DNSHostName はオブジェクトのメソッドでは指定可能なものはないので、複数のセグメントに接続しているマシンでもホスト名はひとつしか持てない。しかし、SetDNSDomain メソッドはオブジェクトのメソッドなので、異なるアダプターにセグメントを分ければ、ドメイン名は個別に設定できるということを示している。

### EnableIPFilterSec

EnableIPFilterSec メソッドはすべての IP バインドネットワークアダプターで IPsec を有効にする。パラメーターは以下の通り。

| パラメーター | 型 | 解説 |
|---|---|---|
| IPFilterSecurityEnabled | Bool | True の場合は有効、False の場合は無効 |

### EnableIPSec、DisableIPSec

EnableIPSec メソッドは TCP/IP が有効なアダプターで IPsec を有効にする。パラメーターは3つ（すべて必須）まで設定でき、それぞれ先頭から順に以下の通り。

| パラメーター | 型 | 解説 |
|---|---|---|
| IPSecPermitTCPPorts | string[] | 文字列配列の一要素に、TCP のアクセス許可を付与するポート番号を表す文字列をひとつ格納する。数値 0 の文字列要素ひとつの文字列配列で、すべてのポートにアクセス許可が付与される。空配列ですべてのポートにアクセス権を付与しない。 |
| IPSecPermitUDPPorts | string[] | 文字列配列の一要素に、UDP のアクセス許可を付与するポート番号を表す文字列をひとつ格納する。数値 0 の文字列要素ひとつの文字列配列で、すべての UDP ポートにアクセス許可が付与される。空配列ですべての UDP ポートにアクセス権を付与しない。 |
| IPSecPermitIPProtocols | string[] | 文字列配列の一要素に、IP のアクセス許可を付与するプロトコル番号を表す文字列をひとつ格納する。数値 0 の文字列要素ひとつの文字列配列で、すべてのプロトコルにアクセス許可が付与される。空配列ですべてのプロトコルにアクセス権を付与しない。 |

DisableIPsec メソッドは TCP/IP が有効なアダプターで IPsec を無効にする。
EnableIPSec(@(),@(),@()) としたものと同等だが、DisableIPsec メソッドではパラ
メーターが不要。いずれもオブジェクトのメソッドである。

### EnableStatic、SetGateways、SetIPConnectionMetric

EnableStatic メソッドは静的 TCP/IP アドレスをネットワークアダプターに設定する。
このメソッドを実行した結果として、DHCP は無効となる。パラメーターはふたつ（すべて
必須）まで設定でき、それぞれ先頭から順に以下の通り。

| パラメーター | 型 | 解説 |
| --- | --- | --- |
| IPAddress | String[] | 設定する静的 IP アドレスのリスト。一要素にひとつの IP アドレスを文字列として格納した文字列配列。例：@("192.168.0.2") |
| SubnetMask | String[] | 設定する静的 IP アドレスのサブネットマスクのリスト。一要素にひとつのサブネットマスクを文字列として格納した文字列配列で、IPAddress の要素数と同じ要素数が必要。例：@("255.255.255.0") |

SetGateways メソッドはゲートウェイをアダプターに設定する。設定するゲートウェイ
の IP アドレスはアダプターが接続しているサブネットになければならない。パラメーター
はふたつ（すべて必須）まで設定でき、それぞれ先頭から順に以下の通り。

| パラメーター | 型 | 解説 |
| --- | --- | --- |
| DefaultIPGateway | String[] | 設定するゲートウェイの IP アドレスのリスト。一要素にひとつの IP アドレスを文字列として格納した文字列配列。例：@("192.168.0.1","192.168.1.1") |
| GatewayCostMetric | String[] | 設定するゲートウェイのメトリックのリスト。一要素にひとつのメトリック値を数値として格納した配列で、DefaultIPGateway の要素数と同じ要素数が必要。例：@(10,20) |

SetIPConnectionMetric メソッドはアダプターのインターフェイスがルーティングテー
ブルで使用する、メトリック値の最小の値を設定する。パラメーターをひとつ設定でき（必
須）、内容は以下の通り。

| パラメーター | 型 | 解説 |
| --- | --- | --- |
| IPConnectionMetric | Uint32 | ルーティングテーブルで使用する最小のメトリック値 |

これらのメソッドはすべてオブジェクトのメソッドである。

### EnableWINS、SetWINSServer、SetDatabasePath

EnableWINS メソッドは WINS を有効にするクラスのメソッド。パラメーターは 4 つ（最初のふたつは必須）まで設定でき、それぞれ先頭から順に以下の通り。

| パラメーター | 型 | 解説 |
|---|---|---|
| DNSEnabledForWINSResolution | Bool | True なら、名前解決の際に WINS 解決でドメインネームシステム（DNS）の利用を有効にする |
| WINSEnableLMHostsLookup | Bool | True の場合、ローカルの参照ファイルを優先して使用する |
| WINSHostLookupFile | String | IP アドレスとホスト名の対応を記述した参照ファイルを指定する。指定しない場合は %SystemRoot%¥system32¥drivers¥etc¥Lmhosts が利用される。 |
| WINSScopeID | String | コンピューターの NetBIOS 名の末尾に追加されるスコープ識別子の値。同じスコープ識別子を使用しているシステムと通信できる。 |

SetWINSServer メソッドは、アダプターのプライマリ WINS サーバーとセカンダリ WINS サーバーを設定するオブジェクトのメソッド。パラメーターはふたつ設定でき（ひとつめが必須）、それぞれ先頭から順に以下の通り。

| パラメーター | 型 | 解説 |
|---|---|---|
| WINSPrimaryServer | String | プライマリ WINS サーバーの IP アドレス |
| WINSSecondaryServer | String | セカンダリ WINS サーバーの IP アドレス |

SetDatabasePath メソッドは HOSTS および LMHOSTS、NETWORKS、PROTOCOLS などのデータベースファイルが配置されているディレクトリを指定するクラスのメソッド。パラメーターをひとつ設定でき（必須）、内容は以下の通り。

| パラメーター | 型 | 解説 |
|---|---|---|
| DatabasePath | String | データベースファイルを配置するディレクトリ |

WINS 自体が有用だったのは Windows Server 2000、Windows Xp までで、現行のネットワーク環境ではほぼ用いられなくなっている。内部ネットワークの名前解決に参照ファイルを使用する場合は、EnableWINS メソッドで参照ファイルを指定する。

## SetArpAlwaysSourceRoute、SetArpUseEtherSNAP

SetArpAlwaysSourceRoute メソッドは TCP/IP の ARP クエリの送信を設定する。パラメーターをひとつ設定でき（必須）、内容は以下の通り。

| パラメーター | 型 | 解説 |
|---|---|---|
| ArpAlwaysSourceRoute | Bool | True にすると、TCP/IP は Token Ring ネットワーク上でソースルーティングを有効にして、ARP クエリを送信する。デフォルトでは、ソースルーティングなしで ARP クエリを送信し、応答がない場合だけソースルーティングを有効にして再試行する。 |

SetArpUseEtherSNAP メソッドはイーサネットパケットで 802.3 SNAP エンコーディングを有効にする。パラメーターをひとつ設定し（必須）、内容は以下の通り。

| パラメーター | 型 | 解説 |
|---|---|---|
| ArpUseEtherSNAP | Bool | TCP/IP でイーサネットパケットを 802.3 SNAP エンコーディングで送信するなら True、DIX イーサネット形式で送信するなら False |

いずれもクラスのメソッドであり、すなわち全体設定となる。

## SetDeadGWDetect

SetDeadGWDetect メソッドは停止したゲートウェイの検出をするかどうかを設定するクラスのメソッド。パラメーターをひとつ設定でき（必須）、内容は以下の通り。

| パラメーター | 型 | 解説 |
|---|---|---|
| DeadGWDetectEnabled | Bool | True の場合はゲートウェイの停止を検出する。ゲートウェイが反応しなければバックアップゲートウェイに変更される。 |

ちなみに、このメソッドが成功すると ReturnValue=1 が返ってくる。

```
PS C:¥WINDOWS¥system32> ([wmiclass]'Win32_NetworkAdapterConfiguration').SetDeadGWDete
ct($True)


__GENUS          : 2
__CLASS          : __PARAMETERS
__SUPERCLASS     :
__DYNASTY        : __PARAMETERS
__RELPATH        :
__PROPERTY_COUNT : 1
```

```
__DERIVATION    : {}
__SERVER        :
__NAMESPACE     :
__PATH          :
ReturnValue     : 1
PSComputerName  :
```

つまり「成功して再起動が必要」である。

### SetDefaultTTL

　SetDefaultTTL メソッドは、送信 IP パケットのヘッダーに設定するデフォルトの TTL
値を設定するクラスのメソッド。パラメーターをひとつ設定でき（必須）、内容は以下の
通り。

| パラメーター | 型 | 解説 |
|---|---|---|
| DefaultTTL | Uint8 | IP パケットが破棄される前に、その宛先に到達するために通過できるルーターの数を指定する |

### SetForwardBufferMemory、SetNumForwardPackets

　SetForwardBufferMemory メソッドは IP ルーティングが有効である場合に、転送する
パケットを格納しておくパケットキューのメモリ割り当てバイト数を設定するクラスのメ
ソッド。パラメーターをひとつ設定でき（必須）、内容は以下の通り。

| パラメーター | 型 | 解説 |
|---|---|---|
| ForwardBufferMemory | Uint32 | ルーティングパケットキューのメモリ割り当てバイト数。256 の倍数で、ネットワーク MTU の値より大きく 0xFFFFFFFF より小さい値。デフォルト値は 74240。 |

　SetNumForwardPackets メソッドは IP ルーティングが有効である場合に、パケット
キューに割り当てられるパケットヘッダーの数を設定するクラスのメソッド。パラメーター
をひとつ設定でき（必須）、内容は以下の通り。

| パラメーター | 型 | 解説 |
|---|---|---|
| NumForwardPackets | Uint32 | パケットキューに割り当てられるパケットヘッダーの数。ForwardBufferMemory に収まる数でなければならない。 |

第3章 WMIを調べものに使う

パケットキューがメモリ量またはヘッダー数でいっぱいになった状態で新しいパケットを
受信すると、パケットキューからランダムに選択されたパケットが破棄される。

### SetIGMPLevel

SetIGMPLevel メソッドは IP マルチキャストのサポート状況を設定するクラスのメソッ
ド。パラメーターをひとつ設定でき（必須）、内容は以下の通り。

| パラメーター | 型 | 解説 |
|---|---|---|
| IGMPLevel | Uint8 | 0の場合、IPマルチキャストをサポートしない。1の場合は、IPマルチキャストを送信できる。2の場合、IPマルチキャストを送信し、なおかつ受信するためにIGMPに参加できる。デフォルトは2。 |

### SetIPUseZeroBroadcast

SetIPUseZeroBroadcast メソッドはブロードキャストに 0.0.0.0 を使うか、
255.255.255.255 を使うかを設定するクラスのメソッド。パラメーターをひとつ設定でき
（必須）、内容は以下の通り。

| パラメーター | 型 | 解説 |
|---|---|---|
| IPUseZeroBroadcast | Bool | True の場合は BSD の実装と同様に 0.0.0.0 をブロードキャストに使用する。デフォルトは False で 255.255.255.255 をブロードキャストに使用する。 |

### SetKeepAliveInterval、SetKeepAliveTime、SetTcpMaxConnectRetransmissions、SetTcpMaxDataRetransmissions

これらは TCP/IP キープアライブに関するクラスのメソッド。

SetKeepAliveInterval メソッドは応答が返ってくるまでキープアライブを再送する間
隔を設定する。パラメーターをひとつ設定でき（必須）、内容は以下の通り。

| パラメーター | 型 | 解説 |
|---|---|---|
| KeepAliveInterval | Uint32 | 応答が返ってくるまでキープアライブを再送する間隔。単位はミリ秒。 |

SetKeepAliveTime メソッドはアイドル状態の TCP 接続においてキープアライブを送る
間隔を設定する。パラメーターをひとつ設定でき（必須）、内容は以下の通り。

| パラメーター | 型 | 解説 |
|---|---|---|
| KeepAliveTime | Uint32 | アイドル状態の TCP 接続においてキープアライブを送る間隔。単位はミリ秒。 |

SetTcpMaxConnectRetransmissions メソッドは応答が返ってくるまでキープアライブを再送する回数を設定する。パラメーターをひとつ設定でき（必須）、内容は以下の通り。

| パラメーター | 型 | 解説 |
|---|---|---|
| TcpMaxConnectRetransmissions | Uint32 | 応答が返ってくるまでキープアライブを再送する回数 |

SetTcpMaxDataRetransmissions メソッドはキープアライブが失敗して接続の終了する前に TCP が接続要求を再転送する回数を設定する。パラメーターをひとつ設定でき（必須）、内容は以下の通り。

| パラメーター | 型 | 解説 |
|---|---|---|
| TcpMaxDataRetransmissions | Uint32 | キープアライブが失敗して接続の終了する前に TCP が接続要求を再転送する回数 |

## SetPMTUBHDetect、SetPMTUDiscovery

SetPMTUBHDetect メソッドはブラックホールルーターを検出するかどうかを設定するクラスのメソッド。パラメーターをひとつ設定でき（必須）、内容は以下の通り。

| パラメーター | 型 | 解説 |
|---|---|---|
| PMTUBHDetectEnabled | Bool | True なら、経路上の MTU を検出する時にブラックホールルーターをチェックする。デフォルトは False。 |

SetPMTUDiscovery メソッドは接続先までのパスで使用できる MTU を検出するかどうかを設定するクラスのメソッド。パラメーターをひとつ設定でき（必須）、内容は以下の通り。

| パラメーター | 型 | 解説 |
|---|---|---|
| PMTUDiscoveryEnabled | Bool | True なら、接続先までのパスで使用できる MTU を検出する。False なら、経路上により小さい MTU がある場合は追加の断片化が発生するかもしれない。デフォルトは True。 |

第 3 章　WMI を調べものに使う

### SetTcpipNetbios

ネットワークアダプターの NetBIOS over TCP/IP を有効または無効にするオブジェクトの
メソッド。パラメーターをひとつ設定でき（必須）、内容は以下の通り。

| パラメーター | 型 | 解説 |
|---|---|---|
| TcpipNetbiosOptions | Uint32 | NetBIOS over TCP/IP を有効にするなら 1、無効にするなら 2。0 の場合は DHCP からの NetBIOS 設定を有効にする。 |

実際に利用可能なアダプターでは、

```
PS C:¥WINDOWS¥system32> (Get-WmiObject Win32_NetworkAdapterConfiguration -Filter Inde
x=2).SetTcpipNetbios(0)


__GENUS          : 2
__CLASS          : __PARAMETERS
__SUPERCLASS     :
__DYNASTY        : __PARAMETERS
__RELPATH        :
__PROPERTY_COUNT : 1
__DERIVATION     : {}
__SERVER         :
__NAMESPACE      :
__PATH           :
ReturnValue      : 0
PSComputerName   :
```

と、ReturnValue は 0 になる。Bluetooth アダプターのような設定できないアダプターでは、

```
PS C:¥WINDOWS¥system32> (Get-WmiObject Win32_NetworkAdapterConfiguration -Filter Inde
x=15).SetTcpipNetbios(0)


__GENUS          : 2
__CLASS          : __PARAMETERS
__SUPERCLASS     :
__DYNASTY        : __PARAMETERS
```

```
__RELPATH          :
__PROPERTY_COUNT   : 1
__DERIVATION       : {}
__SERVER           :
__NAMESPACE        :
__PATH             :
ReturnValue        : 84
PSComputerName     :
```

となって、ReturnValue は 84（IP が無効）になる。

## SetTcpNumConnections

SetTcpNumConnections メソッドは TCP 接続の最大数を設定するクラスのメソッド。パ
ラメーターをひとつ設定でき（必須）、内容は以下の通り。

| パラメーター | 型 | 解説 |
|---|---|---|
| TcpNumConnections | Uint32 | TCP 接続の最大数。デフォルトは 16777214。 |

## SetTcpUseRFC1122UrgentPointer

SetTcpUseRFC1122UrgentPointer メソッドは TCP 緊急データを BSD 方式で処理する
か RFC1122 方式で処理するかを設定するクラスのメソッド。パラメーターをひとつ設定で
き（必須）、内容は以下の通り。

| パラメーター | 型 | 解説 |
|---|---|---|
| TcpUseRFC1122UrgentPointer | Bool | False の場合は BSD 方式で TCP 緊急データを処理する。True なら RFC1122 方式になる。デフォルトは False。 |

## SetTcpWindowSize

SetTcpWindowSize メソッドは TCP 受信ウインドウの最大サイズを設定するクラスのメ
ソッド。パラメーターをひとつ設定でき（必須）、内容は以下の通り。

| パラメーター | 型 | 解説 |
|---|---|---|
| TcpWindowSize | Uint16 | TCP 受信ウインドウの最大サイズ |

## 第3章　WMI を調べものに使う

### ■ Win32_NetworkAdapterConfiguration の活用例

　Windows のネットワークアダプターは、すべてが TCP/IP として機能しているわけではない。そこで、IP アドレスが割り当てられているアダプターを選択して、そのすべてのプロパティを確認したい場合は、次のようにする。

```
PS C:¥WINDOWS¥system32> Get-WmiObject -Class Win32_NetworkAdapterConfiguration | wher
e-object { $_.IPAddress -ne $null } | Format-List *


PSComputerName             : BLACK
DHCPLeaseExpires           : 20160502173731.000000+540
Index                      : 2
Description                : Intel(R) Centrino(R) Wireless-N 2230
DHCPEnabled                : True
DHCPLeaseObtained          : 20160430173731.000000+540
DHCPServer                 : 192.168.1.1
DNSDomain                  :
DNSDomainSuffixSearchOrder : {flets-east.jp}
DNSEnabledForWINSResolution : False
DNSHostName                : BLACK
DNSServerSearchOrder       : {192.168.1.1}
DomainDNSRegistrationEnabled : False
FullDNSRegistrationEnabled : False
IPAddress                  : {192.168.1.15, fe80::556:4c3:b7af:a5f5, 2408:210:d366:
                             b400:31a1:c718:a5f7:aa38, 2408:210:d366:b400:556:4c3:
                             b7af:a5f5}
IPConnectionMetric         : 25
IPEnabled                  : True
IPFilterSecurityEnabled    : False
WINSEnableLMHostsLookup    : True
WINSHostLookupFile         :
WINSPrimaryServer          :
WINSScopeID                :
WINSSecondaryServer        :
__GENUS                    : 2
__CLASS                    : Win32_NetworkAdapterConfiguration
__SUPERCLASS               : CIM_Setting
__DYNASTY                  : CIM_Setting
__RELPATH                  : Win32_NetworkAdapterConfiguration.Index=2
```

3.2 ネットワーク設定を見る

```
__PROPERTY_COUNT            : 61
__DERIVATION               : {CIM_Setting}
__SERVER                   : BLACK
__NAMESPACE                : root¥cimv2
__PATH                     : ¥¥BLACK¥root¥cimv2:Win32_NetworkAdapterConfiguration.I
                             ndex=2
ArpAlwaysSourceRoute       :
ArpUseEtherSNAP            :
Caption                    : [00000002] Intel(R) Centrino(R) Wireless-N 2230 Driver
DatabasePath               : %SystemRoot%¥System32¥drivers¥etc
DeadGWDetectEnabled        : True
DefaultIPGateway           : {192.168.1.1, fe80::10ff:fe06:2093}
DefaultTOS                 :
DefaultTTL                 :
ForwardBufferMemory        :
GatewayCostMetric          : {0, 256}
IGMPLevel                  :
InterfaceIndex             : 5
IPPortSecurityEnabled      :
IPSecPermitIPProtocols     : {}
IPSecPermitTCPPorts        : {}
IPSecPermitUDPPorts        : {}
IPSubnet                   : {255.255.255.0, 64, 128, 64}
IPUseZeroBroadcast         :
IPXAddress                 :
IPXEnabled                 :
IPXFrameType               :
IPXMediaType               :
IPXNetworkNumber           :
IPXVirtualNetNumber        :
KeepAliveInterval          :
KeepAliveTime              :
MACAddress                 : 60:6C:66:28:8E:E9
MTU                        :
NumForwardPackets          :
PMTUBHDetectEnabled        :
PMTUDiscoveryEnabled       :
ServiceName                : NETwNe64
SettingID                  : {624DF072-A593-47EC-A9DB-02329ACD454E}
TcpipNetbiosOptions        : 0
TcpMaxConnectRetransmissions :
```

```
TcpMaxDataRetransmissions   :
TcpNumConnections           : 16777214
TcpUseRFC1122UrgentPointer  :
TcpWindowSize               :
Scope                       : System.Management.ManagementScope
Path                        : ¥¥BLACK¥root¥cimv2:Win32_NetworkAdapterConfiguration.I
                              ndex=2
Options                     : System.Management.ObjectGetOptions
ClassPath                   : ¥¥BLACK¥root¥cimv2:Win32_NetworkAdapterConfiguration
Properties                  : {ArpAlwaysSourceRoute, ArpUseEtherSNAP, Caption, Datab
                              asePath...}
SystemProperties            : {__GENUS, __CLASS, __SUPERCLASS, __DYNASTY...}
Qualifiers                  : {dynamic, Locale, provider, UUID}
Site                        :
Container                   :
```

ここで、IPAddress や IPSubnet のように {} で囲まれているものは値が配列になっている。
IPAddress と IPSubnet のように実際は対になっている配列を併記して表示しようとする
と、PowerShell ではちょっと面倒くさいやり方をしなければならない。

```
PS C:¥WINDOWS¥system32> Get-WmiObject -Class Win32_NetworkAdapterConfiguration | Wher
e-Object { $_.IPAddress -ne $null } | ForEach-Object { For ($i = 0 ; $i -lt $_.IPAddr
ess.Length ; $i++ ) { $_.IPAddress[$i]+" "+$_.IPSubnet[$i]; } }
192.168.1.15 255.255.255.0
fe80::556:4c3:b7af:a5f5 64
2408:210:d366:b400:31a1:c718:a5f7:aa38 128
2408:210:d366:b400:556:4c3:b7af:a5f5 64
```

つまり、どういうことかというと、頭の部分の

```
Get-WmiObject -Class Win32_NetworkAdapterConfiguration | Where-Object { $_.IPAddress
-ne $null }
```

は、単純に Win32_NetworkAdapterConfiguration クラスのすべてのオブジェクトから、
IP アドレスが設定されているオブジェクトだけに絞り込んでいる。残りの部分、

**3.2　ネットワーク設定を見る**

```
ForEach-Object { For ($i = 0 ; $i -lt $_.IPAddress.Length ; $i++ ) { $_.IPAddress[$i]
+" "+$_.IPSubnet[$i]; } }
```

がIPアドレスとサブネットマスクを併記して表示していく部分なのだが、ふたつのループ
構造が入れ子になって一行にまとまっているのでわかりづらい。わかりやすくばらしてみよ
う。

```
Get-WmiObject -Class Win32_NetworkAdapterConfiguration |
Where-Object { $_.IPAddress -ne $null } |
ForEach-Object
{
    For ($i = 0 ; $i -lt $_.IPAddress.Length ; $i++ )
    {
        $_.IPAddress[$i]+" "+$_.IPSubnet[$i];
    }
}
```

これはすなわち、


①Win32_NetworkAdapterConfigurationクラスのすべてのオブジェクトを取得し、

②IPAddressが設定されているオブジェクトだけに絞り込み、

③それぞれのオブジェクトで、

④IPAddressの要素数までカウントしてループさせて、

⑤IPAddressとIPSubnetの対応する要素を表示する。


ということになる。サブネットマスクがビット数表記なら区切りは「/」にしようとかいう
ことになれば、さらに複雑な操作が要求される。

```
Get-WmiObject -Class Win32_NetworkAdapterConfiguration |
Where-Object { $_.IPAddress -ne $null } |
ForEach-Object
{
    $_.Index.ToString("0 : ")+$_.Description+" : DHCP "+
        $(If ($_.DHCPEnabled) { "ENABLE" } else { "DISABLE" })
    For ($i = 0 ; $i -lt $_.IPAddress.Length ; $i++ )
    {
        $_.IPAddress[$i]+ $(If ($_.IPSubnet[$i] -like "*`.*") { " " } else
```

```
            { "/" })+$_.IPSubnet[$i]
    }
}
```

$() は部分式演算子と言ってカッコ内を評価した結果を返す。この例のように制御構造を
含んでいても機能するので、古き良きCの三項演算子を使うような局面で利用できる。余計
な変数を使わなくて済むのが利点だが、カッコ内をあまり長い構造にすると何をしているの
かわからなくなりがちな点には注意が必要だ。

Win32_NetworkAdapter の DeviceID と Win32_NetworkAdapterConfiguration の
Index が同じ値であれば、同じアダプターを指している。ふたつのクラスのリレーションを
するなら以下のような手法をとる。

```
PS C:¥WINDOWS¥system32> Get-WmiObject Win32_NetworkAdapter | ForEach-Object { $_ ; (G
et-WmiObject Win32_NetworkAdapterConfiguration -Filter Index=$($_.DeviceID)); }


ServiceName    : rt640x64
MACAddress     : B8:CA:3A:D9:14:59
AdapterType    : イーサネット 802.3
DeviceID       : 0
Name           : Realtek PCIe FE Family Controller
NetworkAddresses :
Speed          : 9223372036854775807

DHCPEnabled    : True
IPAddress      :
DefaultIPGateway :
DNSDomain      :
ServiceName    : rt640x64
Description    : Realtek PCIe FE Family Controller
Index          : 0

ServiceName    : kdnic
MACAddress     :
AdapterType    :
DeviceID       : 1
Name           : Microsoft Kernel Debug Network Adapter
NetworkAddresses :
```

```
Speed             :

DHCPEnabled       : True
IPAddress         :
DefaultIPGateway  :
DNSDomain         :
ServiceName       : kdnic
Description       : Microsoft Kernel Debug Network Adapter
Index             : 1


ServiceName       : NETwNe64
MACAddress        : 60:6C:66:28:8E:E9
AdapterType       : イーサネット 802.3
DeviceID          : 2
Name              : Intel(R) Centrino(R) Wireless-N 2230
NetworkAddresses  :
Speed             : 130000000

DHCPEnabled       : True
IPAddress         : {192.168.1.15, fe80::556:4c3:b7af:a5f5, 2408:210:d366:b400:31a1:c7
                    18:a5f7:aa38, 2408:210:d366:b400:556:4c3:b7af:a5f5}
DefaultIPGateway  : {192.168.1.1, fe80::10ff:fe06:2093}
DNSDomain         :
ServiceName       : NETwNe64
Description       : Intel(R) Centrino(R) Wireless-N 2230
Index             : 2

…… (以下略) ……
```

情報をリレーションしつつコンパクトにまとめるなら、

```
PS C:¥WINDOWS¥system32> Get-WmiObject Win32_NetworkAdapter | ForEach-Object { $a=(Get
-WmiObject Win32_NetworkAdapterConfiguration -Filter Index=$($_.DeviceID)) ; Write-Ho
st "$($_.DeviceID),$($_.ServiceName),$($_.MacAddress),$($_.AdapterType),$($a.DHCPEnab
led),$($a.IPAddress)" }
0,rt640x64,B8:CA:3A:D9:14:59,イーサネット 802.3,True,
1,kdnic,,,True,
2,NETwNe64,60:6C:66:28:8E:E9,イーサネット 802.3,True,192.168.1.15 fe80::556:4c3:b7af:
a5f5 2408:210:d366:b400:31a1:c718:a5f7:aa38 2408:210:d366:b400:556:4c3:b7af:a5f5
```

第 3 章　WMI を調べものに使う

```
4,vwifimp,60:6C:66:28:8E:EA,イーサネット 802.3,True,
13,tunnel,,トンネル,False,
14,tunnel,,トンネル,False,
15,,,,True,
16,,,,False,
```

というようにすることもできる。

### 3.2.3　Win32_NetworkAdapterSetting

　Win32_NetworkAdapter と Win32_NetworkAdapterConfiguration の紐づけは厳密に
言えば、Win32_NetworkAdapterSetting クラスで定義されている。

```
PS C:¥WINDOWS¥system32> Get-WmiObject Win32_NetworkAdapterSetting | Format-List Eleme
nt,Setting


Element : ¥¥BLACK¥root¥cimv2:Win32_NetworkAdapter.DeviceID="0"
Setting : ¥¥BLACK¥root¥cimv2:Win32_NetworkAdapterConfiguration.Index=0

Element : ¥¥BLACK¥root¥cimv2:Win32_NetworkAdapter.DeviceID="1"
Setting : ¥¥BLACK¥root¥cimv2:Win32_NetworkAdapterConfiguration.Index=1

Element : ¥¥BLACK¥root¥cimv2:Win32_NetworkAdapter.DeviceID="2"
Setting : ¥¥BLACK¥root¥cimv2:Win32_NetworkAdapterConfiguration.Index=2

Element : ¥¥BLACK¥root¥cimv2:Win32_NetworkAdapter.DeviceID="4"
Setting : ¥¥BLACK¥root¥cimv2:Win32_NetworkAdapterConfiguration.Index=4

Element : ¥¥BLACK¥root¥cimv2:Win32_NetworkAdapter.DeviceID="13"
Setting : ¥¥BLACK¥root¥cimv2:Win32_NetworkAdapterConfiguration.Index=13

Element : ¥¥BLACK¥root¥cimv2:Win32_NetworkAdapter.DeviceID="14"
Setting : ¥¥BLACK¥root¥cimv2:Win32_NetworkAdapterConfiguration.Index=14

Element : ¥¥BLACK¥root¥cimv2:Win32_NetworkAdapter.DeviceID="15"
Setting : ¥¥BLACK¥root¥cimv2:Win32_NetworkAdapterConfiguration.Index=15
```

```
Element : ¥¥BLACK¥root¥cimv2:Win32_NetworkAdapter.DeviceID="16"
Setting : ¥¥BLACK¥root¥cimv2:Win32_NetworkAdapterConfiguration.Index=16
```

Win32_NetworkAdapterSetting クラスについての情報にこれ以上のものはない。

## 3.2.4 Win32_IP4PersistedRouteTable

Win32_IP4PersistedRouteTable は永続的 IP ルートを表すクラス。コマンド route -p add などで明示的に追加しない限り、このクラスは空である。

### ■ Win32_IP4PersistedRouteTable のプロパティ

#### Caption と Description、Name

Caption は名称を表す、読み出し専用の文字列。Win32_IP4PersistedRouteTable では宛先 IP アドレスが設定される。Description はオブジェクトの説明を記述した、読み出し専用の文字列。Win32_IP4PersistedRouteTable では宛先 IP アドレス、ネットマスク、ゲートウェイが設定される。Name はオブジェクトを識別するラベルとしての、読み出し専用の文字列。Win32_IP4PersistedRouteTable では宛先 IP アドレスが設定される。

#### Destination

永続的ルートの宛先 IP アドレスを示す、読み書き可能な文字列。

#### InstallDate

InstallDate はこのオブジェクトがいつインストールされたかを示す、DateTime 型。値が設定されていない場合もある。

#### Mask

永続的ルートの宛先 IP アドレスのネットマスクを示す、読み書き可能な文字列。

**Metric1**

永続的ルートのメトリック値を示す、読み書き可能な 32 ビット整数。

**NextHop**

永続的ルートのネクストホップの IP アドレスを示す、読み書き可能な文字列。すなわち
ゲートウェイが設定される。

**Status**

オブジェクトの状態を表す文字列。取りうる値は「OK」、「Error」、「Degraded」、
「Unknown」、「Pred Fail」、「Starting」、「Stopping」、「Service」。

### 3.2.5 Win32_IP4RouteTable

Win32_IP4RouteTable はルーティング情報を表す。このクラスは、コマンド route
print の実行結果の IPv4 分と同等である。route print の代わりに以下のようにするこ
とができる。

```
PS C:¥Windows¥system32> Get-WmiObject Win32_IP4RouteTable | Format-Table InterfaceInd
ex,Destination,Mask,NextHop,Protocol,Type,Metric1


InterfaceIndex Destination     Mask                NextHop        Protocol Type Metric1
-------------- -----------     ----                -------        -------- ---- -------
             7 0.0.0.0         0.0.0.0             192.168.11.1          3    4      10
             1 127.0.0.0       255.0.0.0           0.0.0.0               2    3     306
             1 127.0.0.1       255.255.255.255     0.0.0.0               2    3     306
             1 127.255.255.255 255.255.255.255     0.0.0.0               2    3     306
             7 192.168.11.0    255.255.255.0       0.0.0.0               2    3     266
             7 192.168.11.5    255.255.255.255     0.0.0.0               2    3     266
             7 192.168.11.255  255.255.255.255     0.0.0.0               2    3     266
             6 192.168.43.0    255.255.255.0       0.0.0.0               2    3     276
             6 192.168.43.1    255.255.255.255     0.0.0.0               2    3     276
             6 192.168.43.255  255.255.255.255     0.0.0.0               2    3     276
             2 192.168.222.0   255.255.255.0       0.0.0.0               2    3     276
             2 192.168.222.1   255.255.255.255     0.0.0.0               2    3     276
             2 192.168.222.255 255.255.255.255     0.0.0.0               2    3     276
```

| | | | | | |
|---|---|---|---|---|---|
| 1 224.0.0.0 | 240.0.0.0 | 0.0.0.0 | 2 | 3 | 306 |
| 2 224.0.0.0 | 240.0.0.0 | 0.0.0.0 | 2 | 3 | 276 |
| 6 224.0.0.0 | 240.0.0.0 | 0.0.0.0 | 2 | 3 | 276 |
| 7 224.0.0.0 | 240.0.0.0 | 0.0.0.0 | 2 | 3 | 266 |
| 1 255.255.255.255 | 255.255.255.255 | 0.0.0.0 | 2 | 3 | 306 |
| 2 255.255.255.255 | 255.255.255.255 | 0.0.0.0 | 2 | 3 | 276 |
| 6 255.255.255.255 | 255.255.255.255 | 0.0.0.0 | 2 | 3 | 276 |
| 7 255.255.255.255 | 255.255.255.255 | 0.0.0.0 | 2 | 3 | 266 |

## ■ Win32_IP4RouteTable のプロパティ

### Age

オブジェクトがアップデートされてからの秒数を表す、32 ビット整数。

### Caption と Description、Name

Caption は名称を表す、読み出し専用の文字列。Win32_IP4RouteTable では宛先 IP ア
ドレスが設定される。Description はオブジェクトの説明を記述した、読み出し専用の文
字列。Win32_IP4RouteTable では宛先 IP アドレス、ネットマスク、ゲートウェイが設定
される。Name はオブジェクトを識別するラベルとしての、読み出し専用の文字列。Win32_
IP4RouteTable では宛先 IP アドレスが設定される。

### Destination

ルートの宛先 IP アドレスを示す、読み書き可能な文字列。

### Information

管理情報ベース（MIB）への参照が定義されていない場合は、0.0 が割り当てられる。

### InstallDate

InstallDate はこのオブジェクトがいつインストールされたかを示す、DateTime 型。
値が設定されていない場合もある。

### InterfaceIndex

インターフェイス番号を表す、読み書き可能な 32 ビット整数。

### Mask

ルートの宛先 IP アドレスのネットマスクを示す、読み書き可能な文字列。

### Metric1

ルートのメトリック値を示す、読み書き可能な 32 ビット整数。値が −1 ならメトリック値は使用されない。

### Metric2 と Metric3、Metric4、Metric5

ルートの代替メトリック値を示す、読み書き可能な 32 ビット整数。値が −1 ならメトリック値は使用されない。

### NextHop

ルートのネクストホップの IP アドレスを示す、読み書き可能な文字列。すなわちゲートウェイが設定される。

### Protocol

オブジェクトのルートを学習するメカニズムを表す、32 ビット整数。

| 値 | ルーティングプロトコル |
|----|------------------|
| 1  | other            |
| 2  | local            |
| 3  | netmgmt          |
| 4  | icmp             |
| 5  | egp              |
| 6  | ggp              |
| 7  | hello            |
| 8  | rip              |
| 9  | is-is            |
| 10 | es-is            |
| 11 | ciscolgrp        |
| 12 | bbnSpflgp        |

| 値 | ルーティングプロトコル |
|---|---|
| 13 | ospf |
| 14 | bgp |

### Status

オブジェクトの状態を表す文字列。取りうる値は「OK」、「Error」、「Degraded」、「Unknown」、「Pred Fail」、「Starting」、「Stopping」、「Service」。

### Type

ルートのタイプを表す、32ビット整数。取りうる値は以下の通り。

| 値 | タイプ | 意味 |
|---|---|---|
| 1 | other | 以下以外 |
| 2 | invalid | 無効なエントリ |
| 3 | direct | 直接的、つまり同じサブネットで直接接続できるルート |
| 4 | indirect | 間接的、つまりルーターを経由して接続するルート |

## 3.2.6 Win32_ActiveRoute

IPv4のルーティングテーブル。このクラスで、永続的なルート設定とシステムが構成したルート設定をセットにする。

### ■ Win32_ActiveRoute のプロパティ

### SameElement

永続的なIPルートを表す、インスタンスへの参照。データ型はWin32_IP4PersistedRouteTable。

### SystemElement

アクティブIPルートを表す、インスタンスへの参照。データ型はWin32_IP4RouteTableAccess。

### 3.2.7 Win32_IP4RouteTableEvent ‖‖‖‖‖‖‖‖‖‖‖‖‖‖‖‖‖‖‖‖‖‖‖‖‖‖‖‖‖‖‖‖‖‖‖‖‖

Win32_IP4RouteTableEvent は、IP ルートの追加、削除、変更に起因するイベントを表す。このクラスを利用する最も単純な形は以下の通り。

```
PS C:¥WINDOWS¥system32> Register-WmiEvent -Class Win32_IP4RouteTableEvent -Action {
Write-Host "ルーティングテーブルが変更されました" }
```

### 3.2.8 Win32_NetworkClient ‖‖‖‖‖‖‖‖‖‖‖‖‖‖‖‖‖‖‖‖‖‖‖‖‖‖‖‖‖‖‖‖‖‖‖‖‖‖‖‖‖‖

Microsoft ネットワーク用クライアントに相当する WMI クラスが Win32_Network Client クラスになる。

```
PS C:¥WINDOWS¥system32> Get-WmiObject Win32_NetworkClient -ComputerName BETA | format
-list Caption,Description,InstallDate,Manufacturer,Name,Status


Caption     : Workstation
Description : LanmanWorkstation
InstallDate :
Manufacturer : Microsoft Corporation
Name        : Microsoft Windows Network
Status      : OK
```

導入されていなければ、クラス自体が存在しない。機能していれば Status が OK になる。

### 3.2.9 Win32_NetworkProtocol

Win32_NetworkProtocol クラスで導入済みのネットワークプロトコルを確認できる。

```
PS C:¥Windows¥system32> Get-WmiObject Win32_NetworkProtocol | format-table -AutoSize
-Wrap

Caption GuaranteesDelivery GuaranteesSequencing ConnectionlessService Status Name
------- ------------------ -------------------- --------------------- ------ ----
Tcpip              True                 True                 False OK     MSAFD
                                                                          Tcpip
                                                                          [TCP/I
                                                                          P]
Tcpip              False                False                True  OK     MSAFD
                                                                          Tcpip
                                                                          [UDP/I
                                                                          P]
Tcpip              True                 True                 False OK     MSAFD
                                                                          Tcpip
                                                                          [TCP/I
                                                                          Pv6]
Tcpip              False                False                True  OK     MSAFD
                                                                          Tcpip
                                                                          [UDP/I
                                                                          Pv6]
RSVP               True                 True                 False        RSVP T
                                                                          CPv6
                                                                          サービ
                                                                          ス プ
                                                                          ロバイ
                                                                          ダー
RSVP               True                 True                 False        RSVP T
                                                                          CP サ
                                                                          ービス
                                                                           プロ
                                                                          バイダ
                                                                          ー
RSVP               False                False                True         RSVP U
                                                                          DPv6
                                                                          サービ
```

| | | | | スプロバイダー |
|---|---|---|---|---|
| RSVP | False | False | True | RSVP UDP サービス プロバイダー |
| Hyper-V | True | True | False | Hyper-V RAW |
| vSockets | False | False | True | vSockets DGRAM |
| vSockets | True | True | False | vSockets STREAM |

## ■ Win32_NetworkProtocol のプロパティ

### Caption と Description、Name

Caption は名称を表す、読み出し専用の文字列。Win32_NetworkProtocol ではプロトコルの略称が設定されている。Description はオブジェクトの説明を記述した、読み出し専用の文字列。Win32_NetworkProtocol ではプロトコルの名称やモジュールのパスなどが設定されている。Name はプロトコルの名称を表す、読み出し専用文字列。

```
PS C:¥Windows¥system32> Get-WmiObject Win32_NetworkProtocol | format-table -AutoSize
-Wrap

Caption GuaranteesDelivery GuaranteesSequencing ConnectionlessService Status Name
------- ------------------ -------------------- --------------------- ------ ----
Tcpip              True                 True                False OK     MSAFD
                                                                         Tcpip
                                                                         [TCP/I
                                                                         P]
Tcpip              False                False                True OK     MSAFD
```

3.2 ネットワーク設定を見る

| | | | | Tcpip [UDP/IP] |
|---|---|---|---|---|
| Tcpip | True | True | False OK | MSAFD Tcpip [TCP/IPv6] |
| Tcpip | False | False | True OK | MSAFD Tcpip [UDP/IPv6] |
| RSVP | True | True | False | RSVP TCPv6 サービス プロバイダー |
| RSVP | True | True | False | RSVP TCP サービス プロバイダー |
| RSVP | False | False | True | RSVP UDPv6 サービス プロバイダー |
| RSVP | False | False | True | RSVP UDP サービス プロバイダー |
| Hyper-V | True | True | False | Hyper-V RAW |
| vSockets | False | False | True | vSockets DGRAM |
| vSockets | True | True | False | vSocke |

```
                                                                     ts STR
                                                                     EAM
```

### ConnectionlessService

True の場合は、プロトコルがコネクションレス型サービスをサポートしている。False
の場合は、接続指向サービスを提供している。

```
PS C:¥WINDOWS¥system32> Get-WmiObject Win32_NetworkProtocol | Format-Table Caption,Na
me,ConnectionlessService -Wrap

Caption Name                           ConnectionlessService
------- ----                           ---------------------
Tcpip   MSAFD Tcpip [TCP/IP]                          False
Tcpip   MSAFD Tcpip [UDP/IP]                           True
Tcpip   MSAFD Tcpip [TCP/IPv6]                        False
Tcpip   MSAFD Tcpip [UDP/IPv6]                         True
RSVP    RSVP TCPv6 サービス プロバイダー                 False
RSVP    RSVP TCP サービス プロバイダー                   False
RSVP    RSVP UDPv6 サービス プロバイダー                  True
RSVP    RSVP UDP サービス プロバイダー                    True
Hyper-V Hyper-V RAW                                   False
RfComm  MSAFD RfComm [Bluetooth]                      False
```

### GuaranteesDelivery と GuaranteesSequencing

GuaranteesDelivery は、プロトコルがデータパケットの配信を保証する場合に True。
False の場合は、送信されたすべてのデータが宛先に到達することを保証しない。

GuaranteesSequencing が True の場合は、データは送信された順に到着することを保
証する。

```
PS C:¥WINDOWS¥system32> Get-WmiObject Win32_NetworkProtocol | Format-Table Caption,Na
me,GuaranteesDelivery,GuaranteesSequencing -AutoSize -Wrap

Caption Name                        GuaranteesDelivery GuaranteesSequencing
```

```
------- ----                        ------------------- -------------------
Tcpip   MSAFD Tcpip [TCP/IP]                   True                True
Tcpip   MSAFD Tcpip [UDP/IP]                   False               False
Tcpip   MSAFD Tcpip [TCP/IPv6]                 True                True
Tcpip   MSAFD Tcpip [UDP/IPv6]                 False               False
RSVP    RSVP TCPv6 サービス プロバイダー        True                True
RSVP    RSVP TCP サービス プロバイダー          True                True
RSVP    RSVP UDPv6 サービス プロバイダー        False               False
RSVP    RSVP UDP サービス プロバイダー          False               False
Hyper-V Hyper-V RAW                            True                True
RfComm  MSAFD RfComm [Bluetooth]               True                True
```

### InstallDate

InstallDate はこのオブジェクトがいつインストールされたかを示す、DateTime 型。値が設定されていない場合もある。

### MaximumAddressSize と MinimumAddressSize

MaximumAddressSize はプロトコルがサポートするソケットアドレスの最大長を表す、32 ビット整数。MinimumAddressSize はプロトコルがサポートするソケットアドレスの最短長を表す、32 ビット整数。ソケットアドレスは、URL（www.microsoft.com）または IP アドレス（130.215.24.1）など。

```
PS C:¥WINDOWS¥system32> Get-WmiObject Win32_NetworkProtocol | Format-Table Caption,Na
me,MaximumAddressSize,MinimumAddressSize -AutoSize -Wrap

Caption Name                        MaximumAddressSize MinimumAddressSize
------- ----                        ------------------ ------------------
Tcpip   MSAFD Tcpip [TCP/IP]                        16                 16
Tcpip   MSAFD Tcpip [UDP/IP]                        16                 16
Tcpip   MSAFD Tcpip [TCP/IPv6]                      28                 28
Tcpip   MSAFD Tcpip [UDP/IPv6]                      28                 28
RSVP    RSVP TCPv6 サービス プロバイダー            28                 28
RSVP    RSVP TCP サービス プロバイダー              16                 16
RSVP    RSVP UDPv6 サービス プロバイダー            28                 28
RSVP    RSVP UDP サービス プロバイダー              16                 16
```

```
Hyper-V Hyper-V RAW                                      36              36
RfComm  MSAFD RfComm [Bluetooth]                         30              30
```

### MaximumMessageSize

MaximumMessageSize はプロトコルがサポートする最大メッセージサイズを表す、32
ビット整数。0 の場合特に制限はない。

```
PS C:¥WINDOWS¥system32> Get-WmiObject Win32_NetworkProtocol | Format-Table Caption,Na
me,MaximumMessageSize -AutoSize -Wrap

Caption Name                           MaximumMessageSize
------- ----                           ------------------
Tcpip   MSAFD Tcpip [TCP/IP]                            0
Tcpip   MSAFD Tcpip [UDP/IP]                        65527
Tcpip   MSAFD Tcpip [TCP/IPv6]                          0
Tcpip   MSAFD Tcpip [UDP/IPv6]                      65527
RSVP    RSVP TCPv6 サービス プロバイダー                  0
RSVP    RSVP TCP サービス プロバイダー                    0
RSVP    RSVP UDPv6 サービス プロバイダー              65527
RSVP    RSVP UDP サービス プロバイダー                65527
Hyper-V Hyper-V RAW                                     0
RfComm  MSAFD RfComm [Bluetooth]                        0
```

### MessageOriented と PseudoStreamOriented

MessageOriented は、プロトコルがメッセージ指向である場合（情報を転送するために
データのパケットを使用）に True。ストリーム指向のプロトコル（バイトの連続ストリー
ムとしてデータを転送）である場合は False。

PseudoStreamOriented が True の場合は、プロトコルは擬似ストリーム指向、つまり、
すべての受信操作のために、可変長データパケットまたはストリーミングデータを受信する
ことができるメッセージ指向のプロトコルであることを示す。

```
PS C:¥WINDOWS¥system32> Get-WmiObject Win32_NetworkProtocol | Format-Table Caption,Na
me,MessageOriented,PseudoStreamOriented -AutoSize -Wrap
```

```
Caption Name                                MessageOriented PseudoStreamOriented
------- ----                                --------------- --------------------
Tcpip   MSAFD Tcpip [TCP/IP]                     False               False
Tcpip   MSAFD Tcpip [UDP/IP]                     True                False
Tcpip   MSAFD Tcpip [TCP/IPv6]                   False               False
Tcpip   MSAFD Tcpip [UDP/IPv6]                   True                False
RSVP    RSVP TCPv6 サービス プロバイダー              False               False
RSVP    RSVP TCP サービス プロバイダー                False               False
RSVP    RSVP UDPv6 サービス プロバイダー              True                False
RSVP    RSVP UDP サービス プロバイダー                True                False
Hyper-V Hyper-V RAW                              False               False
RfComm  MSAFD RfComm[Bluetooth]                  False               False
```

**Status**

オブジェクトの状態を表す文字列。取りうる値は「OK」、「Error」、「Degraded」、「Unknown」、「Pred Fail」、「Starting」、「Stopping」、「Service」。

**SupportsBroadcasting と SupportsConnectData、SupportsDisconnectData、SupportsEncryption、SupportsExpeditedData、SupportsFragmentation、SupportsGracefulClosing、SupportsGuaranteedBandwidth、SupportsMulticasting、SupportsQualityofService**

SupportsBroadcasting が True の場合、メッセージをブロードキャストすることができる。

SupportsConnectData が True の場合、プロトコルは接続データをサポートする。

SupportsDisconnectData が True の場合、プロトコルは切断データをサポートする。

SupportsEncryption が True の場合、プロトコルはデータの暗号化をサポートする。

SupportsExpeditedData が True の場合、プロトコルは優先データ（緊急データ）をサポートする。

SupportsFragmentation が True の場合、プロトコルはメッセージの断片化をサポートする。

SupportsGracefulClosing が True の場合、プロトコルは正常なクローズ動作（二相クローズ操作）をサポートする。False の場合、不全型クローズ操作になる。

SupportsGuaranteedBandwidth が True の場合、プロトコルはアプリケーションへの保証された帯域幅割り当てメカニズムをサポートする。

SupportsMulticasting が True の場合、プロトコルはマルチキャストをサポートする。

SupportsQualityofService が True の場合、プロトコルは下層のサービスプロバイダーまたは移送キャリアによって QoS サポートできる。

## 3.2.10 Win32_ProtocolBinding

Win32_ProtocolBinding は、システムレベルドライバー、ネットワークプロトコル、およびネットワークアダプターの関連付けを定義する。

### ■ Win32_ProtocolBinding のプロパティ

**Antecedent**

システムドライバーとネットワークアダプターに関連付けられたプロトコルを表す、Win32_NetworkProtocol への参照。

**Dependent**

プロトコルとネットワークアダプターに関連付けられたシステムドライバーを表す、Win32_SystemDriver への参照。

**Device**

システムに導入されている、Win32_NetworkAdapter への参照。

## 3.3

# 共有に関する情報を調べる

Windows の共有機能に関する情報も WMI で調べることができる。接続状況をモニターすることもできる。

### 3.3.1 Win32_ServerConnection ||||||||||||||||||||||||||||||||||||||||||||||||||||||||||||||

Win32_ServerConnection は、リモートからローカルマシン上の共有リソースへの接続を表すクラス。

#### ■ Win32_ServerConnection のプロパティ

**ActiveTime**
接続が確立されてからの秒数。

**Caption と Description、Name**
Caption は名称を表す、読み出し専用の文字列。Description はオブジェクトの説明を記述した、読み出し専用の文字列。Name はオブジェクトを識別するラベルとしての、読み出し専用の文字列。Win32_ServerConnection ではすべて空。

**ComputerName**
接続が確立されたコンピューターの名前を表す、読み出し専用の文字列。ただし、IPv6アドレス表現である。

**ConnectionID**
接続の一意な ID。

**InstallDate**

このオブジェクトがいつインストールされたかを示す、DateTime 型。値が設定されていない場合もある。

**NumberOfFiles**

この接続に関連付けられていて開いているファイルの数。

**NumberOfUsers**

この接続に関連付けられているユーザーの数。

**ShareName**

接続が確立された共有リソースの共有名。

**Status**

オブジェクトの現在の状態を示す文字列。操作可能または操作不能の状態が示される。操作可能ステータスは「OK」、「Degraded」、「Pred Fail」の三種類。この場合の「Pred Fail」は、たとえば SMART 対応の HDD が現状機能しているものの、SMART で障害を予測した状態を示す。操作不能状態には、「Error」、「Starting」、「Stopping」、「Service」がある。「Service」はディスクミラーの再同期化中やユーザーのアクセス許可リストのリロード中などの管理作業の実行中で、オブジェクトを操作できない。

値の意味は以下の通り。

| 値 | 意味 |
| --- | --- |
| OK | OK |
| Error | エラー |
| Degraded | 劣化 |
| Unknown | 未知の状況 |
| Pred Fail | 障害が予測される状況 |
| Starting | 開始中 |
| Stopping | 停止中 |
| Service | 管理作業の実行中 |
| Stressed | ストレスを受けている |
| NonRecover | 回復できない |
| No Contact | 接続できない |

| 値 | 意味 |
|---|---|
| Lost Comm | 通信を失った |

### UserName

接続を行ったユーザー名。FullName が設定されている場合、その名前になる点に注意。

## 3.3.2 Win32_ServerSession

Win32_ServerConnection は、リモートからローカルマシンへ確立されたセッションを表すクラス。

### ■ Win32_ServerSession のプロパティ

### ActiveTime

セッションが確立されてからの秒数。

### Caption と Description、Name

Caption は名称を表す、読み出し専用の文字列。Description はオブジェクトの説明を記述した、読み出し専用の文字列。Name はオブジェクトを識別するラベルとしての、読み出し専用の文字列。Win32_ServerSession ではすべて空。

### ComputerName

接続が確立されたコンピューターの名前を表す、読み出し専用の文字列。ただし、IPv6 アドレス表現である。

### ClientType

接続したクライアントのタイプ。

### IdleTime

セッションのアイドル時間（秒）。

### InstallDate

このオブジェクトがいつインストールされたかを示す、DateTime型。値が設定されていない場合もある。

### ResourcesOpened

このセッションに関連した開いているファイル、デバイス、パイプの数。

### SessionType

セッションのタイプ。0ならゲスト接続、1なら非暗号化接続、2はそれ以外。

### Status

オブジェクトの現在の状態を示す文字列。操作可能または操作不能の状態が示される。操作可能ステータスは「OK」、「Degraded」、「Pred Fail」の三種類。この場合の「Pred Fail」は、たとえばSMART対応のHDDが現状機能しているものの、SMARTで障害を予測した状態を示す。操作不能状態には、「Error」、「Starting」、「Stopping」、「Service」がある。「Service」はディスクミラーの再同期化中やユーザーのアクセス許可リストのリロード中などの管理作業の実行中で、オブジェクトを操作できない。

値の意味は以下の通り。

| 値 | 意味 |
|---|---|
| OK | OK |
| Error | エラー |
| Degraded | 劣化 |
| Unknown | 未知の状況 |
| Pred Fail | 障害が予測される状況 |
| Starting | 開始中 |
| Stopping | 停止中 |
| Service | 管理作業の実行中 |
| Stressed | ストレスを受けている |
| NonRecover | 回復できない |
| No Contact | 接続できない |
| Lost Comm | 通信を失った |

**TransportName**

クライアントがサーバーとの通信に使用するトランスポートの名前。

**UserName**

セッションを確立したユーザーの名前。FullName が設定されている場合、その名前になる点に注意。

### 3.3.3 Win32_ConnectionShare

Win32_ConnectionShare は、共有リソース（Win32_Share）とその共有リソースへの接続（Win32_ServerConnection）を関連付けるクラス。

■ Win32_ConnectionShare のプロパティ

**Antecedent**

共有リソースの Win32_ShareAccess オブジェクトへの参照。

**Dependent**

共有リソースへの接続を表す、Win32_ServerConnection オブジェクトへの参照。

### 3.3.4 Win32_PrinterShare

Win32_PrinterShare は、プリンター（Win32_Printer）とその共有（Win32_Share）を関連付けるクラス。

■ Win32_PrinterShare のプロパティ

**Antecedent**

プリンターを表す、Win32_Printer オブジェクトへの参照。

**Dependent**

共有を表す、Win32_Share オブジェクトへの参照。

### 3.3.5 Win32_SessionConnection

Win32_SessionConnection は、セッション（Win32_ServerSession）と接続（Win32_ServerConnection）を関連付けるクラス。

■ Win32_SessionConnection のプロパティ

**Antecedent**

セッションを表す、Win32_ServerSession オブジェクトへの参照。

**Dependent**

共有リソースへの接続を表す、Win32_ServerConnection オブジェクトへの参照。

### 3.3.6 Win32_Share

Win32_Share クラスは、Windows を実行しているシステム上のディスク、プリンター、プロセス間通信などの共有リソースを示す。特に何の設定も施していないクライアントマシンで Win32_Share を参照すると、

```
PS C:¥WINDOWS¥system32> Get-WmiObject Win32_Share

Name    Path                              Description
----    ----                              -----------
ADMIN$  C:¥WINDOWS                        Remote Admin
C$      C:¥                               Default share
IPC$                                      Remote IPC
print$  C:¥WINDOWS¥system32¥spool¥drivers プリンター ドライバー
```

というような表示が得られる。

## ■ Win32_Share のプロパティ

### InstallDate

InstallDate はこのオブジェクトがいつインストールされたかを示す、DateTime 型。
値が設定されていない場合もある。

### AllowMaximum と MaximumAllowed

MaximumAllowed はこのリソースを同時に使うことを許されるユーザーの最大数を表す、
32 ビット整数。この設定は AllowMaximum が False の場合に有効になる。AllowMaximum
が True の場合は、MaximumAllowed プロパティの値は無視される。

### Name と Path、Caption、Description

Name は共有名を表す文字列。Path は共有リソースのローカルパスを表す文字列。
Caption は一般的にオブジェクトの名称、Description は一般的にオブジェクトの説明文
だが、Win32_Share においては、システムが構成する共有ではどちらも共有のタイプを表
す文字列、ユーザーが設定した共有では Description は空文字列で Caption は共有名が
設定される。

### Status

オブジェクトの現在の状態を示す文字列。操作可能または操作不能の状態が示される。
操作可能ステータスは「OK」、「Degraded」、「Pred Fail」の三種類。この場合の「Pred
Fail」は、たとえば SMART 対応の HDD が現状機能しているものの、SMART で障害を予
測した状態を示す。操作不能状態には、「Error」、「Starting」、「Stopping」、「Service」
がある。「Service」はディスクミラーの再同期化中やユーザーのアクセス許可リストのリ
ロード中などの管理作業の実行中で、オブジェクトを操作できない。

値の意味は以下の通り。

| 値 | 意味 |
|----------|----------|
| OK | OK |
| Error | エラー |
| Degraded | 劣化 |
| Unknown | 未知の状況 |

| 値 | 意味 |
|---|---|
| Pred Fail | 障害が予測される状況 |
| Starting | 開始中 |
| Stopping | 停止中 |
| Service | 管理作業の実行中 |
| Stressed | ストレスを受けている |
| NonRecover | 回復できない |
| No Contact | 接続できない |
| Lost Comm | 通信を失った |

### Type

ディスク、プリントキュー、プロセス間通信（IPC）などのリソースの種別を表す、32 ビット整数（以下の表を参照）。

| 種別 | 値 | 値（16進） |
|---|---|---|
| ディスクドライブ（共有フォルダ） | 0 | 0 |
| プリントキュー | 1 | 1 |
| デバイス | 2 | 2 |
| IPC（プロセス間通信） | 3 | 3 |
| ディスクドライブ（フォルダ）の管理共有 | 2147483648 | 80000000 |
| プリントキューの管理共有 | 2147483649 | 80000001 |
| デバイスの管理共有 | 2147483650 | 80000002 |
| IPC（プロセス間通信）の管理共有 | 2147483651 | 80000003 |

## ■ Win32_Share のメソッド

### Create

Create メソッドはサーバーリソースの共有を作成するクラスのメソッド。パラメーターを 7 つ設定でき（最初の 3 つは必須）、内容は以下の通り。

| パラメーター | 型 | 解説 |
|---|---|---|
| Path | String | 共有リソースのローカルパスを表す文字列 |
| Name | String | 共有名を表す文字列 |
| Type | UInt32 | ディスク、プリントキュー、プロセス間通信（IPC）などのリソースの種別を表す 32 ビット整数。設定値は Type プロパティを参照 |

| パラメーター | 型 | 解説 |
|---|---|---|
| MaximumAllowed | UInt32 | リソースを同時に使うことを許されるユーザーの最大数。このパラメーターはオプション |
| Description | String | オブジェクトの説明文。このパラメーターはオプション |
| Password | String | 共有リソースのパスワード（サーバーが共有レベルのセキュリティで実行されている場合）。サーバーがユーザーレベルのセキュリティで実行されている場合、このパラメーターは無効。このパラメーターはオプション |
| Access | Win32_SecurityDescriptor | ユーザーレベルのアクセス許可のセキュリティ記述子である、Win32_SecurityDescriptorオブジェクト。このパラメーターを指定しない場合は、共有への読み取りアクセスは制限されない。このパラメーターはオプション |

Create メソッドを実行した戻り値は以下の通り。

| 戻り値 | 意味 |
|---|---|
| 0 | 成功 |
| 2 | アクセス拒否 |
| 8 | 不明なエラー |
| 9 | 名前が無効 |
| 10 | レベルが無効 |
| 21 | パラメーターが無効 |
| 22 | 共有が重複している |
| 23 | リダイレクトされたパス |
| 24 | 不明なデバイスまたはディレクトリ |
| 25 | ネット名が見つからない |

このメソッドを実際に利用する場合は、新しい Win32_Share オブジェクトを作成する。

```
PS C:¥WINDOWS¥system32> $wshare=([wmiclass]'Win32_Share')
PS C:¥WINDOWS¥system32> $wshare.Create("C:¥FilePool","FILES",0)


__GENUS          : 2
__CLASS          : __PARAMETERS
__SUPERCLASS     :
__DYNASTY        : __PARAMETERS
```

第 3 章　WMI を調べものに使う

```
__RELPATH          :
__PROPERTY_COUNT  : 1
__DERIVATION       : {}
__SERVER           :
__NAMESPACE        :
__PATH             :
ReturnValue        : 0
PSComputerName     :
```

ReturnValue が 0 で共有の作成は成功している。GUI で操作してフォルダの共有を作ると Description は一般的には空になるが、このメソッドで作る場合は Description をパラメーターで設定することができる。

**Delete**

Delete メソッドはサーバーリソースの共有を削除する、オブジェクトのメソッド。パラメーターはなし。作成された共有を削除する場合は、共有のオブジェクトを取得して Delete メソッドを使用する。

```
PS C:¥WINDOWS¥system32> (Get-WmiObject Win32_Share -Filter 'Name="FILES"').Delete()


__GENUS            : 2
__CLASS            : __PARAMETERS
__SUPERCLASS       :
__DYNASTY          : __PARAMETERS
__RELPATH          :
__PROPERTY_COUNT  : 1
__DERIVATION       : {}
__SERVER           :
__NAMESPACE        :
__PATH             :
ReturnValue        : 0
PSComputerName     :
```

106

## GetAccessMask

GetAccessMask メソッドはユーザーまたはグループが保持している、共有へのアクセス権を返す。戻り値は、以下の表の値をビットごとに論理和したものになる。

| アクセス権 | 値 | 解説 |
|---|---|---|
| FILE_LIST_DIRECTORY | 1 (0x1) | ファイルからデータを読み取る権限。ディレクトリの場合は、内容を一覧表示する権限 |
| FILE_ADD_FILE | 2 (0x2) | ファイルにデータを書き込む権限。ディレクトリの場合は、ディレクトリ内にファイルを作成する権限 |
| FILE_ADD_SUBDIRECTORY | 4 (0x4) | ファイルにデータを追加する権限。ディレクトリの場合は、サブディレクトリを作成する権限 |
| FILE_READ_EA | 8 (0x8) | 拡張属性を読み取る権限 |
| FILE_WRITE_EA | 16 (0x10) | 拡張属性を書き込むための権限 |
| FILE_TRAVERSE | 32 (0x20) | ファイルを実行する権限。ディレクトリの場合は、ディレクトリ通過する権限 |
| FILE_DELETE_CHILD | 64 (0x40) | 読み取り専用にされている場合でも、ファイルおよびサブディレクトリを削除する権限 |
| FILE_READ_ATTRIBUTES | 128 (0x80) | ファイル属性を読み取る権限 |
| FILE_WRITE_ATTRIBUTES | 256 (0x100) | ファイル属性を変更する権限 |
| DELETE | 65536 (0x10000) | 削除操作を許可する権限 |
| READ_CONTROL | 131072 (0x200000) | セキュリティ記述子と所有者への読み取り権限 |
| WRITE_DAC | 262144 (0x40000) | 随意アクセス制御リスト（DACL）への書き込み権限 |
| WRITE_OWNER | 524288 (0x80000) | 所有権取得の権限 |
| SYNCHRONIZE | 1048576 (0x100000) | オブジェクトの同期 |

## SetShareInfo

共有リソースのパラメーターを設定するメソッド。パラメーターは以下の通り。

| パラメーター | 型 | 解説 |
|---|---|---|
| MaximumAllowed | UInt32 | リソースを同時に使うことを許されるユーザーの最大数。このパラメーターはオプション |
| Description | String | オブジェクトの説明文。このパラメーターはオプション |
| Access | Win32_SecurityDescriptor | ユーザーレベルのアクセス許可のセキュリティ記述子である、Win32_SecurityDescriptor オブジェクト。このパラメーターを指定しない場合は、共有への読み取りアクセスは制限されない。このパラメーターはオプション |

第 3 章　WMI を調べものに使う

SetShareInfo メソッドを実行した戻り値は以下の通り。

| 戻り値 | 意味 |
|---|---|
| 0 | 成功 |
| 2 | アクセス拒否 |
| 8 | 不明なエラー |
| 9 | 名前が無効 |
| 10 | レベルが無効 |
| 21 | パラメーターが無効 |
| 22 | 共有が重複している |
| 23 | リダイレクトされたパス |
| 24 | 不明なデバイスまたはディレクトリ |
| 25 | ネット名が見つからない |

## 3.4

# Microsoft DNS の情報

Microsoft DNS に関するクラスの WMI の名前空間は root¥cimv2 ではなく、root¥MicrosoftDNS になる。さらに Microsoft DNS のクラスを扱う場合、WMI に接続するために使用する偽装レベルを Impersonate、すなわちオブジェクトが呼び出し元の資格情報を使用することを許可する偽装レベルの COM 偽装レベルにする必要がある。

たとえば VBScript で MX レコードの情報を得るためには、

```
strComputer = "."
Set objWMIService = GetObject("winmgmts:{impersonationLevel=impersonate}!¥¥" &
    strComputer & "¥root¥MicrosoftDNS")
Set colItems = objWMIService.ExecQuery("Select * from MicrosoftDNS_MXType")
```

というようにする。これが PowerShell の場合は、

```
PS C:¥WINDOWS¥system32> Get-WmiObject -Namespace "root¥MicrosoftDNS" -Impersonation
Impersonate -Class MicrosoftDNS_MXType
```

108

というようにする。実際には、値を参照するだけなら COM 偽装レベルを変更する必要はないのだが、取得したオブジェクトをいじったりするならば必要になる。

## 3.4.1 MicrosoftDNS_Server

MicrosoftDNS_Server クラスは、DNS サーバーを表すクラス。このクラスには MicrosoftDNS_Cache と MicrosoftDNS_RootHints、いくつかの MicrosoftDNS_Zone が含まれる。

### ■ MicrosoftDNS_Server のプロパティ

Win32_ で始まるクラスの多くと異なり、MicrosoftDNS_Server のプロパティの多くは書き込み可能である。つまり、状態変更のためのメソッドはなく、その代わりにプロパティの値を変更する。

#### AddressAnswerLimit

アドレス要求に応答して返されるホストレコードの最大数。有効な値は 5 ～ 28。

#### AllowUpdate

DNS サーバーが動的更新要求を受け入れるかどうかを指定する。取りうる値は以下の通り。

| 値 | 意味 |
|---|---|
| 0 | 制限なし |
| 1 | SOA レコードの動的更新を許可しない |
| 2 | ゾーンルートにおける NS レコードの動的更新を許可しない |
| 4 | ゾーンルートではない NS レコード（委任 NS レコード）の動的更新を許可しない |

1 および 2、4 は加算して複数の設定を合成できる。

#### AutoCacheUpdate

DNS サーバーが起動する時、ルートサーバーの hints（NS レコードおよび A レコード）のリストを必要とする。これは歴史的にキャッシュファイルと呼ばれ、Microsoft DNS サーバーはルートサーバーからの応答に基づいて、キャッシュファイルを更新する機能を持って

第3章　WMI を調べものに使う

いる。AutoCacheUpdate が True の場合は、DNS サーバーがルートサーバーからのデータ
を使用して、キャッシュエントリの更新を試みる。False の場合は更新されない。

### AutoConfigFileZones

　ネームサーバーの変更時に、DNS Server の名前に対して権威がある標準プライマリゾー
ンを更新する必要があることを示す。デフォルト値は 1。取りうる値は以下の通り。

| 値 | 意味 |
|---|---|
| 0 | なし |
| 1 | 動的更新を許可しているサーバー |
| 2 | 動的更新を許可していないサーバー |
| 4 | すべてのサーバー |

### BindSecondaries

　Microsoft DNS サーバー以外のセカンダリ DNS にゾーン転送する時の、AXFR メッセージ
フォーマットを決定する。True の場合は非圧縮形式、False の場合は高速形式で送信される。

### BootMethod

　DNS サーバーの初期化方法。取りうる値は以下の通り。

| 値 | 意味 |
|---|---|
| 0 | 初期化しない |
| 1 | ファイルから起動 |
| 2 | レジストリから起動 |
| 3 | ディレクトリとレジストリから起動 |

### DefaultAgingState

　この DNS サーバー上に作成された、すべての Active Directory 統合ゾーンに設定された
デフォルト ScavengingInterval 値。デフォルト値は 0（清掃は無効）。

### DefaultNoRefreshInterval

　この DNS サーバー上に作成された、すべての Active Directory 統合ゾーンに設定された
リフレッシュしない間隔（時間）。デフォルト値は 168 時間（7 日）。

### DefaultRefreshInterval

この DNS サーバー上に作成された、すべての Active Directory 統合ゾーンに設定された
リフレッシュ間隔（時間）。デフォルト値は 168 時間（7 日）。

### DisableAutoReverseZones

DNS サーバーは、標準逆引きゾーンを自動的に作成するかどうかを表す、論理値。

### DisjointNets

リモート DNS サーバーにクエリを送信するために使用される、ソケットのバインディン
グのデフォルトポートを変更できるかどうかを示す、論理値。

### DsAvailable

DNS サーバー上で利用可能なディレクトリサービスがあるかどうかを示す、論理値。

### DsPollingInterval

ディレクトリサービス統合ゾーンをポーリングする間隔（秒）。

### DsTombstoneInterval

ディレクトリサービス統合ゾーンにおける廃棄レコードの寿命（秒）。

### EdnsCacheTimeout

他の DNS サーバーでサポートされている、EDNS のバージョンを記述したキャッシュ情
報の寿命（秒）。

### EnableDirectoryPartitions

True の場合は、DNS サーバーでアプリケーションディレクトリパーティションをサポー
トする。

## EnableDnsSec

DNS サーバーは以下の表の値に従って、DNSSEC 固有のリソースレコード、KEY、SIG、および NXT を応答に含むかどうかを決める。

| 値 | 意味 |
|---|---|
| 0 | クエリが DNSSEC レコードタイプのリソースレコードセットを要求しない限り、DNSSEC レコードを応答に含まない |
| 1 | DNSSEC レコードは、RFC2535 に従った応答に含む |
| 2 | 元のクライアントクエリに、RFC2671 による OPT リソースレコードが含まれている場合に、DNSSEC レコードが応答に含まれる |

クエリが DNSSEC のタイプのリソースレコードセットを要求した場合は、DNS サーバーは利用可能である限り常にそのような応答をする。

## EnableEDnsProbes

True の場合は、リモートサーバーから事前に EDNS をサポートしていないと明示されない限り、DNS サーバーは常に RFC2671 に従って、OPT リソースレコードで応答する。False の場合は、DNS サーバーは、元のクエリで OPT が送信された場合にだけ、OPT を付けて応答する。

## EventLogLevel

イベントログに報告するログレベルを以下の値で指定する。

| 値 | 意味 |
|---|---|
| 0 | ログはなし |
| 1 | エラーのみ |
| 2 | エラーと警告 |
| 4 | すべてのイベント |

## ForwardDelegations

DNS サーバーは、権限があるゾーン外の名前のクエリを受信した場合、基本的には別のゾーンのサーバーに転送する。ただし、委任サブゾーンのクエリを受信し、なおかつサブゾーンが DNS サーバーのゾーン内にあるならば、クエリを転送しないで処理することもできる。ForwardDelegations が 0 の場合、DNS サーバーは委任サブゾーンのクエリを転送しない。ForwardDelegations が 1 の場合、DNS サーバーは委任サブゾーンのクエリを転

## Forwarders

DNSサーバーがクエリを転送する、フォワーダーのIPアドレスの一覧となる、文字列配列。

## ForwardingTimeout

DNSのクエリにフォワーダーの応答を待機する時間（秒）。指定した時間が経過する前に、転送先サーバーが応答しない場合、DNSサーバーはフォワーダーのリストの次のサーバーにクエリを転送する。

## IsSlave

IsSlaveがFalseでフォワーダーサーバーがすべて応答しない場合は、DNSサーバーはリモート名を解決するために、標準の繰返しクエリを実行する。IsSlaveがTrueでフォワーダーサーバーが応答しない場合、DNSサーバーは検索を終了してSERVER_FAILURE応答を返す。

## ListenAddresses

DNSサーバーがクエリを受信するIPアドレスのリストの、文字列配列。

## LocalNetPriority

名前に対して複数のAレコードが登録されている場合に、LocalNetPriorityがTrueなら、照会してきたクライアントのIPアドレスへの類似の順にレコードを返す。LocalNetPriorityがFalseの場合は、データベースに追加された順序でAレコードを返す。この時、レコードはソートされない。RoundRobinの値がTrueなら、返す値は複数のエントリの中で循環する。

## LogFileMaxSize

DNSサーバーのデバッグログの最大サイズ（バイト数）。

### LogFilePath

DNS サーバーのデバッグログのパス。デフォルトは %Systemroot%¥System32¥ dns¥dns.log。

### LogIPFilterList

デバッグログに書き込む DNS イベントをフィルタリングするために使用する、IP アドレスのリストの、文字列配列。

### LogLevel

32 ビット整数のビットマップ値で、イベントログの System ログに報告されるログのタイプを指定する。0 の場合はログは出力されない。

| 値 | 意味 |
|---|---|
| 0x00000001 | クエリ |
| 0x00000010 | 通知 |
| 0x00000020 | 更新 |
| 0x000000FE | 非クエリトランザクション |
| 0x00000100 | 質問 |
| 0x00000200 | 回答 |
| 0x00001000 | 送信パケット |
| 0x00002000 | 受信パケット |
| 0x00004000 | UDP パケット |
| 0x00008000 | TCP パケット |
| 0x0000FFFF | すべてのパケット |
| 0x00010000 | Active Directory の書き込みトランザクション |
| 0x00020000 | Active Directory の更新トランザクション |
| 0x00100000 | 完全なパケット |
| 0x80000000 | ライトスルー |

### LooseWildcarding

True である場合は、ルーズワイルドカードを使用する。

### MaxCacheTTL

DNS サーバーがキャッシュにレコードを保持する寿命（秒）。レコード自体の TTL がより

大きい値であっても、MaxCacheTTL が優先してキャッシュから削除される。このプロパティのデフォルト値は 86400 秒（1 日）。

### MaxNegativeCacheTTL

DNS サーバーがキャッシュにクエリのエラーを保持する寿命（秒）。このプロパティのデフォルト値は 86400 秒（1 日）。

### Name

DNS サーバーの FQDN もしくは IP アドレス。このプロパティは読み出し専用である。

### NameCheckFlag

DNS 名として使用できる文字セット。以下の値が使用可能。

| 値 | 意味 |
|---|---|
| 0 | Strict RFC（ANSI） |
| 1 | Non RFC（ANSI） |
| 3 | Multibyte（UTF8） |

### NoRecursion

True の場合は再帰的な検索を実行しない。

### RecursionRetry

再帰的な検索を再試行する間隔（秒）。

### RecursionTimeout

DNS サーバーが再帰クエリを断念するまでの時間（秒）。プロパティが未定義またはゼロの場合は 15 秒。

### RoundRobin

True の場合は、ひとつの名前に関連した複数の A レコードを循環させて利用する。

### RpcProtocol

管理リモートプロシージャコール(RPC)を使用するプロトコルを指定する。DNS サーバー
は、これらのプロトコルを使用して接続を許可するようにエンドポイントを確立する。

| 値 | 意味 |
|---|---|
| 0 | なし |
| 1 | TCP |
| 2 | 名前付きパイプ |
| 4 | LPC |

### ScavengingInterval

清掃の間隔（時）。デフォルト値は 168 時間（7 日）で、0 にすると清掃を行わない。

### SecureResponses

SecureResponses が True の場合は、メモリキャッシュに保存するレコードをフィルタ
リングすることにより、不正規レコードを排除する。

### SendPort

他のサーバーへの UDP クエリを送るポートを指定する。デフォルトでは、DNS ポートに
バインドされたソケットにクエリを送信する。

### ServerAddresses

DNS サーバーの IP アドレスの一覧である、文字列配列。このプロパティは読み出し専用。

### StrictFileParsing

False または未定義の場合は、ゾーンファイル内の不正なデータを無視する。True の場
合は、ゾーンファイルのエラーで失敗する。

### UpdateOptions

サーバーとゾーンオブジェクトの AllowUpdate の設定に加えて、動的にサーバー上で更新できるレコードの種類を制限する。

| 値 | 意味 |
|---|---|
| 0 | 制限なし |
| 1 | SOA レコードの動的更新を許可しない |
| 2 | ゾーンルートにおける NS レコードの動的更新を許可しない |
| 4 | ゾーンルートではない NS レコード（委任 NS レコード）の動的更新を許可しない |

1 および 2、4 は加算して複数の設定が合成される。

### Version

DNS サーバーのバージョン。

### WriteAuthorityNS

成功した応答において、NS レコードと SOA レコードを権限セクションに書くかどうかを指定する。

### XfrConnectTimeout

DNS サーバーがゾーン転送をしようとする時、リモートサーバーに TCP 接続できるまでのタイムアウト値を秒単位で表す、32 ビット整数。

## ■ MicrosoftDNS_Server のメソッド

### StartService、StopService

StartService メソッドは、DNS サーバーサービスを開始する。StopService メソッドは、DNS サーバーサービスを停止する。パラメーターはない。成功した場合は戻り値として 0 を返す。0 以外の場合は何らかのエラーである。

### StartScavenging

StartScavenging メソッドは、ゾーンの古いレコードの清掃を開始する。パラメーターはない。成功した場合は戻り値として 0 を返す。0 以外の場合は何らかのエラーである。

### GetDistinguishedName

GetDistinguishedName メソッドは、ゾーンの DS 識別名を取得する。パラメーターは
ない。ゾーンの DS の識別名を文字列として返す。

## 3.4.2 MicrosoftDNS_Domain ||||||||||||||||||||||||||||||||||||||||||||||||||||||||||||||||||||||||||

MicrosoftDNS_Domain クラスは、DNS 階層のドメインを表す。複数のタイプのインス
タンスが含まれている。詳細に触れるには、ContainerName でどのタイプかを確認しなけ
ればならない。

### ■ MicrosoftDNS_Domain のプロパティ

以下は MicrosoftDNS_Domain に含まれるいくつかのクラスに共通のプロパティである。

### ContainerName

ゾーン、キャッシュ、RootHints などのドメインのコンテナの名前を表す文字列。コンテ
ナがゾーン（MicrosoftDNS_Zone クラスのインスタンス）である場合、このプロパティに
はゾーンの FQDN が含まれる。コンテナがルートゾーンなら文字列は「.」で、リソースレ
コードの DNS キャッシュ（MicrosoftDNS_Cache クラスのインスタンス）なら「..Cache」
に、RootHints（MicrosoftDNS_RootHints クラスのインスタンス）なら「..RootHints」
になる。

### DnsServerName

ドメインが含まれている DNS サーバーの FQDN または IP アドレス。

### Name

ドメインの FQDN。

### ■ MicrosoftDNS_Domain のメソッド

### GetDistinguishedName

GetDistinguishedName メソッドは、ゾーンの DS 識別名を取得する。パラメーターは
ない。ゾーンの DS 識別名を文字列として返す。

### 3.4.3 MicrosoftDNS_Zone ||||||||||||||||||||||||||||||||||||||||||||||||||||||||||||||||||||||||||||||||||||||

MicrosoftDNS_Zone は DNS ゾーンを表すクラス。このクラスのインスタンスは、すべてひとつの DNS サーバーに割り当てなければならない。MicrosoftDNS_Domain および MicrosoftDNS_ResourceRecord クラスの複数のインスタンスに関連付けられる。

### ■ MicrosoftDNS_Zone のプロパティ

**Aging**

ゾーンのエージングと清掃の動作を指定する、論理値。False で清掃が無効。この場合は、ゾーン内のレコードのタイムスタンプがリフレッシュされないと、レコードは清掃されない。True に設定すると、レコードは清掃が施される。サーバーがレコードの動的更新要求を受信した場合、そのタイムスタンプは更新される。Active Directory 統合ゾーンでは、この値はゾーンが作成されている DNS サーバーの DefaultAgingState プロパティに設定される。標準プライマリゾーンのデフォルト値は False。

**AllowUpdate**

0 の場合は、ゾーンは動的更新を許可しない。1 の場合はセキュリティ保護の有無にかかわらず動的更新を受け入れる。2 の場合はセキュリティ保護された動的更新要求のみを受け付ける。

**AutoCreated**

True の場合は、ゾーンは自動作成されている。

**DataFile**

ゾーンファイルの名前を示す文字列。

**DnsServerName**

このドメインが含まれている DNS サーバーの完全修飾ドメイン名または IP アドレス。

**DsIntegrated**

ゾーンが DS 統合されているかどうかを示す、論理値。

### ForwarderSlave

指定された前方参照ゾーンの名前の解決時に、DNS が再帰を使用するかどうかを示す、論理値。条件付き転送ゾーンにのみ適用される。

### ForwarderTimeout

前方参照ゾーンの下の名前のクエリを転送する DNS サーバーが、クエリを解決しようとする前に、フォワーダーからの解決を待つ時間（秒数）。

### LastSuccessfulSoaCheck

ゾーンの SOA シリアル番号を最後にチェックした時間（GMT で 1970 年 1 月 1 日からの秒数）。

### LastSuccessfulXfr

ゾーンが最後にマスターサーバーから転送された時間（GMT で 1970 年 1 月 1 日からの秒数）。

### MasterServers と LocalMasterServers

MasterServers はこのゾーンのマスター DNS サーバーの IP アドレス。LocalMaster Servers はこのゾーンのマスター DNS サーバーのローカル IP アドレス。これが設定されている場合は、MasterServers を上書きする。

### RefreshInterval と NoRefreshInterval

RefreshInterval はゼロ以外のタイムスタンプを持つ、レコードのリフレッシュ間隔。NoRefreshInterval はレコードのタイムスタンプの最後の更新からリフレッシュできる最も早い時点、つまりリフレッシュされない間隔。

### Notify

マスターゾーンがそのリソースレコードのデータベースの何らかの変更をセカンダリに通知する場合は 1。

## NotifyServers

このゾーンの変更を通知する DNS サーバーの IP アドレスの、文字列配列。

## Paused と Shutdown

Paused はゾーンが一時停止している場合は True。Shutdown はゾーンのコピーの有効期限が切れているまたはシャットダウンの場合に True。

## Reverse と ZoneType

Reverse は、ゾーンが逆引き参照ゾーンの場合に True。False なら前方参照ゾーン。ZoneType が 1 であればプライマリゾーン、2 であればセカンダリゾーン、3 はスタブゾーンを示す。

## ScavengeServers

このゾーンの古いレコードの清掃を許可されている、DNS サーバーの IP アドレスの、文字列配列。

## SecondaryServers

ゾーンの複製を許可された DNS サーバーの IP アドレスの、文字列配列。

## SecureSecondaries

ゾーン転送が SecondaryServers で指定されたセカンダリにのみ許可されているかどうかを示す。

| 値 | 意味 |
|---|---|
| 0 | すべてのサーバーにゾーン転送を許可する |
| 1 | DnsServerName にあるサーバーにゾーン転送を許可する |
| 2 | SecondaryServers にあるサーバーにゾーン転送を許可する |
| 3 | ゾーン転送をしない |

## UseNBStat

ゾーンが NETStat 逆引き参照を使用する場合に True。

第 3 章　WMI を調べものに使う

### UseWins

ゾーンが WINS 参照を使用する場合に True。

## ■ MicrosoftDNS_Zone のメソッド

### AgeAllRecords

AgeAllRecords メソッドは、一部またはすべてのゾーン内の NS および SOA 以外のレコードのエージングを有効化する。パラメーターは以下の通り。

| パラメーター | 型 | 解説 |
|---|---|---|
| NodeName | String | 有効化するノードの名前 |
| ApplyToSubtree | Bool | エージングを NodeName のサブツリー内のすべてのレコードに適用するなら True |

戻り値が 0 以外の場合はエラーである。

### ChangeZoneType

ChangeZoneType メソッドはゾーンタイプを変更する。パラメーターは以下の通りで、戻り値はない。

| パラメーター | 型 | 解説 | | |
|---|---|---|---|---|
| ZoneType | UInt32 | ゾーンタイプ、値は以下の通り | | |
| | | 値 | 意味 | |
| | | 0 | プライマリゾーン | |
| | | 1 | セカンダリゾーン | |
| | | 2 | スタブゾーン | |
| | | 3 | ゾーンフォワーダー | |
| DsIntegrated | Boolean | True の場合は Active Directory に、False の場合はファイルにデータを保存する | | |
| DataFileName | String | ゾーンに関連付けられたデータファイルの名前 | | |
| IpAddr | String[] | ゾーンのマスター DNS サーバーの IP アドレス | | |
| AdminEmailName | String | ゾーンを担当する管理者の電子メールアドレス | | |
| RR | Ref | リソースレコードのインスタンスへの参照 | | |

## CreateZone

CreateZone メソッドは DNS ゾーンを作成する。パラメーターは以下の通りで、戻り値はない。

| パラメーター | 型 | 解説 | | |
|---|---|---|---|---|
| ZoneType | UInt32 | ゾーンタイプ、値は以下の通り | | |
| | | 値 | 意味 | |
| | | 0 | プライマリゾーン | |
| | | 1 | セカンダリゾーン | |
| | | 2 | スタブゾーン | |
| | | 3 | ゾーンフォワーダー | |
| DsIntegrated | Boolean | True の場合は Active Directory に、False の場合はファイルにデータを保存する | | |
| DataFileName | String | ゾーンに関連付けられたデータファイルの名前 | | |
| IpAddr | String[] | ゾーンのマスター DNS サーバーの IP アドレス | | |
| AdminEmailName | String | ゾーンを担当する管理者の電子メールアドレス | | |
| RR | Ref | リソースレコードのインスタンスへの参照 | | |

## GetDistinguishedName

GetDistinguishedName メソッドはゾーンの識別名を取得する。パラメーターはなしで、識別名を戻り値として返す。

```
PS C:¥WINDOWS¥system32> (Get-WmiObject -Namespace "root¥MicrosoftDNS" -Class Microsof
tDNS_Zone -Filter 'Name="KEY.LOCAL"').GetDistinguishedName()


__GENUS          : 2
__CLASS          : __PARAMETERS
__SUPERCLASS     :
__DYNASTY        : __PARAMETERS
__RELPATH        :
__PROPERTY_COUNT : 1
__DERIVATION     : {}
__SERVER         :
__NAMESPACE      :
__PATH           :
ReturnValue      : DC=KEY.LOCAL,cn=MicrosoftDNS,DC=DomainDnsZones,DC=KEY,DC=LOCAL
```

```
PSComputerName    :
```

### ForceRefresh と PauseZone、ResumeZone、ReloadZone、UpdateFromDS、WriteBackZone

ForceRefresh メソッドはマスターサーバーからセカンダリ DNS サーバーへ強制的に更新を行う。PauseZone メソッドは DNS ゾーンを一時停止する。ResumeZone メソッドは DNS ゾーンを再開する。ReloadZone メソッドはデータベースから DNS ゾーンをリロードする。UpdateFromDS メソッドはディレクトリサービスから強制的にゾーンを更新する。WriteBackZone メソッドはゾーンのデータをゾーンファイルに保存する。いずれもパラメーターも戻り値もない。

### ResetSecondaries

ResetSecondaries メソッドはゾーン内のセカンダリ DNS サーバーの IP アドレスをリセットする。パラメーターは以下の通りで、戻り値はない。

| パラメーター | 型 | 解説 |
|---|---|---|
| SecondaryServers | String[] | セカンダリ DNS サーバーの IP アドレスのリストである文字列配列 |
| SecureSecondaries | UInt32 | ゾーン転送が SecondaryServers で指定されたセカンダリにのみ許可されているかどうかを示す。値は以下の通り<br><br>値 / 意味<br>0 / すべてのサーバーにゾーン転送を許可する<br>1 / DnsServerName にあるサーバーにゾーン転送を許可する<br>2 / SecondaryServers にあるサーバーにゾーン転送を許可する<br>3 / ゾーン転送をしない |
| NotifyServers | String[] | ゾーンが変更された場合に、DNS サーバーの IP アドレスを通知するサーバーのリストである文字列配列 |
| Notify | UInt32 | 通知の方法を指定する。値は以下の通り<br><br>値 / 意味<br>0 / 自動的に通知しない<br>1 / DnsServerName にあるサーバーに通知する<br>2 / NotifyServers にあるサーバーに通知する |
| RR | Ref | リソースレコードのインスタンスへの参照 |

### 3.4.4 MicrosoftDNS_Cache

DNSサーバーのキャッシュ。RootHintsのキャッシュファイルではなく、問い合わせの結果などのキャッシュの方であり、キャッシュの内容ではなく、キャッシュという空間そのものを表しているクラス。次の図で「キャッシュされた参照」となっている部分に相当する。

**図3.2●DNSマネージャー**

#### ■ MicrosoftDNS_Cache のメソッド

**ClearCache**

ClearCache メソッドは、リソースレコードの DNS サーバーのキャッシュをクリアする。パラメーターも戻り値もない。

**GetDistinguishedName**

GetDistinguishedName メソッドはゾーンの識別名を取得する。パラメーターはなしで、識別名を戻り値として返す。

### 3.4.5 MicrosoftDNS_RootHints

MicrosoftDNS_RootHints クラスは、DNS サーバーのキャッシュファイルに格納され
ている RootHints を表すクラス。RootHints の内容ではなく RootHints という存在を表して
いる。

#### ■ MicrosoftDNS_RootHints のメソッド

**WriteBackRootHintDatafile**

WriteBackRootHintDatafile メソッドは RootHints を DNS キャッシュファイルに書き
戻す。パラメーターも戻り値もない。

**GetDistinguishedName**

GetDistinguishedName メソッドはゾーンの識別名を取得する。パラメーターはなしで、
識別名を戻り値として返す。

### 3.4.6 MicrosoftDNS_Statistic

MicrosoftDNS_Statistic クラスは、単一の DNS サーバーの統計を表すクラス。

```
PS C:\WINDOWS\system32> Get-WmiObject -Namespace "root\MicrosoftDNS" -Class Microsoft
DNS_Statistic | format-table CollectionName,Name,Value,StringValue -AutoSize -Wrap

CollectionName           Name                               Value     StringValue
--------------           ----                               -----     -----------
Time Stats               Server started                               2016/05/31 0
                                                                      :04:17
Time Stats               Statistics last cleared                      2016/05/31 0
                                                                      :04:17
Time Stats               Seconds since start                480575
Time Stats               Seconds since statistics cleared   480575
Query and Response Stats  Queries received                  1021
Query and Response Stats  Responses sent                    1021
Query and Response Stats  UDP queries received              1019
```

```
Query and Response Stats    UDP responses sent         1019
Query and Response Stats    UDP queries sent           803
Query and Response Stats    UDP responses received     731
Query and Response Stats    TCP client connections     2
Query and Response Stats    TCP queries received       2
Query and Response Stats    TCP responses sent         2
Query and Response Stats    TCP queries sent           0
Query and Response Stats    TCP responses received     0
Query Stats                 Total queries              1021
Query Stats                 Notify queries             0
Query Stats                 Update queries             0
Query Stats                 TKeyNego queries           0
Query Stats                 Standard queries           1021
Query Stats                 A queries                  710
Query Stats                 NS queries                 0
……（以下略）……
```

## ■ MicrosoftDNS_Statistic のプロパティ

### CollectionId と CollectionName

CollectionName は統計が属するコレクションの名前（文字列）で、その ID（整数値）
が CollectionId。

```
PS C:\WINDOWS\system32> Get-WmiObject -Namespace "root\MicrosoftDNS" -Class Microsoft
DNS_Statistic | ForEach-Object {($_.CollectionId.ToString()+"`t"+$_.CollectionName)}
| sort -Unique
1        Time Stats
1024     DS Integration Stats
1048576  Packet Memory Usage Stats
131072   Timeout Stats
16       Master Stats
2        Query and Response Stats
2048     Internal Dynamic Update Stats
2097152  Nbstat Memory Usage Stats
256      Packet Dynamic Update Stats
262144   Database Stats
```

第3章 WMI を調べものに使う

```
32       Secondary Stats
4        Query Stats
4194304  Error Stats
512      Security Stats
524288   Record Stats
64       WINS Referral Stats
65536    Memory Stats
8        Recursion Stats
8388608  Query
```

### DnsServerName

統計が含まれている DNS サーバーの FQDN または IP アドレスを示す文字列。

### Name

統計の名前を表す文字列。

### StringValue と Value

統計の値。整数値の場合は Value に、それ以外の場合は StringValue に格納される。実質的には Server started と Statistics last cleared が日時として StringVlaue を使用している以外は、すべて Value を使用している。

## 3.4.7 MicrosoftDNS_ServerDomainContainment

MicrosoftDNS_Server クラスと MicrosoftDNS_Domain クラスの関連を格納するクラス。

### ■ MicrosoftDNS_ServerDomainContainment のプロパティ

### GroupComponent

DNS サーバーを示す、MicrosoftDNS_Server クラス。

### PartComponent

ドメイン、ゾーン、キャッシュ、RootHints などを示す、MicrosoftDNS_Domain クラス。

128

## 3.4.8 MicrosoftDNS_DomainDomainContainment |||||||||||||||||||||||||||||||||

MicrosoftDNS_DomainDomainContainment クラスは、ドメインに格納されるドメイン
の関連付けを表すクラス。つまり、あるドメインである MicrosoftDNS_Domain に対する
サブドメインの MicrosoftDNS_Domain との関連付けをする。

### ■ MicrosoftDNS_DomainDomainContainment のプロパティ

**GroupComponent**

親となるドメイン、ゾーン、キャッシュ、RootHints などを示す、MicrosoftDNS_
Domain クラス。

**PartComponent**

子となるドメイン、ゾーン、キャッシュ、RootHints などを示す、MicrosoftDNS_
Domain クラス。

## 3.4.9 MicrosoftDNS_DomainResourceRecordContainment ||||||||||

MicrosoftDNS_DomainResourceRecordContainment クラスはリソースレコードとド
メイン（つまり MicrosoftDNS_Domain クラス）との関連付けを表すクラス。

### ■ MicrosoftDNS_DomainResourceRecordContainment のプロパティ

**GroupComponent**

親となるドメイン、ゾーン、キャッシュ、RootHints などを示す、MicrosoftDNS_
Domain クラス。

**PartComponent**

GroupComponent が示すドメイン、ゾーン、キャッシュ、RootHints などに属するリソー
スレコードを示す、MicrosoftDNS_ResourceRecord クラス。

## 3.4.10 MicrosoftDNS_ResourceRecord |||||||||||||||||||||||||||||||||||||||||||||||||||||

MicrosoftDNS_ResourceRecord クラスは、DNS リソースレコードの一般化された形式のクラス。通常はこのクラスは使用せず、派生したサブクラスを使用する。

### ■ MicrosoftDNS_ResourceRecord のプロパティ

#### ContainerName

リソースレコードが含まれているゾーン、キャッシュ、または RootHints インスタンスのコンテナの名前を示す文字列。

#### DnsServerName

リソースレコードがある DNS サーバーの FQDN または IP アドレスを示す文字列。

#### DomainName

RR があるドメインの FQDN を表す文字列。

#### OwnerName

リソースレコードの所有者名を示す文字列。

#### RecordClass

リソースレコードのクラスを表す、16 ビット整数。有効な値は以下の通り。

| 値 | クラス |
|---|---|
| 1 | IN（Internet） |
| 2 | CS（CSNET） |
| 3 | CH（CHAOS） |
| 4 | HS（Hesiod） |

#### RecordData

リソースレコードのデータを表す文字列。

**TextRepresentation**

リソースレコード全体のテキスト表現を表す文字列。

**TimeStamp**

リソースレコードが最後にリフレッシュされた時刻を表す、32 ビット整数。グリニッジ標準時（GMT）で 1601 年 1 月 1 日からの経過秒数。

**TTL**

リソースレコードを DNS リゾルバーがキャッシュできる秒数。

## ■ MicrosoftDNS_ResourceRecord のメソッド

### CreateInstanceFromTextRepresentation

CreateInstanceFromTextRepresentation メソッドはリソースレコードのテキスト表現から MicrosoftDNS_ResourceRecord オブジェクトをインスタンス化する。パラメーターは以下の通りで、結果は RR に戻るので戻り値はない。

| パラメーター | 型 | 解説 |
|---|---|---|
| DnsServerName | String | リソースレコードを作成する DNS サーバーの名前 |
| ContainerName | String | 新しいリソースレコードを配置するコンテナの名前 |
| TextRepresentation | String | リソースレコードのテキスト表現 |
| RR | Ref | リソースレコードのインスタンスへの参照 |

### GetObjectByTextRepresentation

GetObjectByTextRepresentation メソッドは MicrosoftDNS_ResourceRecord クラスの既存のインスタンスを取得する。パラメーターは以下の通りで、結果は RR に戻るので戻り値はない。

| パラメーター | 型 | 解説 |
|---|---|---|
| DnsServerName | String | リソースレコードを作成する DNS サーバーの名前 |
| ContainerName | String | 新しいリソースレコードを配置するコンテナの名前 |
| TextRepresentation | String | リソースレコードのテキスト表現 |
| RR | Ref | リソースレコードのインスタンスへの参照 |

第 3 章　WMI を調べものに使う

## ■ MicrosoftDNS_ResourceRecord のサブクラス

MicrosoftDNS_ResourceRecord クラスには多数のサブクラスが存在している。これに
は A レコードや MX レコードといった DNS で使用する実際のリソースレコードが含まれて
いる。以下の表は主なサブクラス。

| サブクラス名 | 解説 |
| --- | --- |
| MicrosoftDNS_AAAAType | IPv6 アドレス、AAAA レコード |
| MicrosoftDNS_AFSDBType | アンドリューファイルシステムデータベースサーバー、AFSDB レコード |
| MicrosoftDNS_ATMAType | ATM アドレス、ATMA レコード（廃止） |
| MicrosoftDNS_AType | アドレス、A レコード |
| MicrosoftDNS_CNAMEType | 正規名、CNAME レコード |
| MicrosoftDNS_HINFOType | ホスト情報、HINFO レコード（廃止） |
| MicrosoftDNS_ISDNType | ISDN、RR レコード（廃止） |
| MicrosoftDNS_KEYType | KEY レコード |
| MicrosoftDNS_MBType | メールボックス、MB レコード（廃止） |
| MicrosoftDNS_MDType | メールエージェント、MD レコード（廃止） |
| MicrosoftDNS_MFType | メール転送エージェント、MF レコード（廃止） |
| MicrosoftDNS_MGType | MG レコード（廃止） |
| MicrosoftDNS_MINFOType | メール情報、MINFO レコード（廃止） |
| MicrosoftDNS_MRType | メールボックス名の変更、MR レコード（廃止） |
| MicrosoftDNS_MXType | ドメインのメール転送エージェント（MTA）のリストとドメイン名の割り当て、MX レコード |
| MicrosoftDNS_NSType | ネームサーバー、NS レコード |
| MicrosoftDNS_NXTType | NXT レコード（廃止） |
| MicrosoftDNS_PTRType | ポインター、PTR レコード |
| MicrosoftDNS_RPType | 担当者、RP レコード |
| MicrosoftDNS_RTType | RT レコード（廃止） |
| MicrosoftDNS_SIGType | 署名、SIG レコード |
| MicrosoftDNS_SOAType | ゾーンの情報、SOA レコード |
| MicrosoftDNS_SRVType | サービスロケーター、SRV レコード。 |
| MicrosoftDNS_TXTType | テキスト、TXT レコード。 |
| MicrosoftDNS_WINSRType | WINS の逆引き、WINSR レコード |
| MicrosoftDNS_WINSType | WINS レコード |
| MicrosoftDNS_WKSType | 既知のサービス、WKS レコード |
| MicrosoftDNS_X25Type | X.25、x25 レコード |

たとえば、MicrosoftDNS_AAAAType クラスは IPv6 アドレス（AAAA）レコードを表す
MicrosoftDNS_ResourceRecord のサブクラスで、プロパティにはホストの IPv6 アドレ

スを表す文字列 IPv6Address がある。どのサブクラスも、それぞれの内容にあったプロパティが用意されている。メソッドは、新しいレコードを作成するための CreateInstanceFromPropertyData メソッドと既存のレコードを修正する Modify メソッド。

CreateInstanceFromPropertyData メソッドのパラメーターは以下の通りで、結果は RR に戻るので戻り値はない。

| パラメーター | 型 | 解説 |
|---|---|---|
| DnsServerName | String | リソースレコードを作成する DNS サーバーの名前（FQDN または IP アドレス） |
| ContainerName | String | リソースレコードのゾーンまたはキャッシュ、RootHints インスタンスのコンテナの名前 |
| OwnerName | String | リソースレコードの所有者名 |
| RecordClass | Uint32 | リソースレコードのクラス。デフォルトは 1<br><br>値 / 意味<br>1 / IN（Internet）<br>2 / CS（CSNET）<br>3 / CH（CHAOS）<br>4 / HS（Hesiod） |
| この部分にリソースレコードのタイプに応じたパラメーター | | |
| RR | Ref | リソースレコードの新しいオブジェクトへの参照。 |

Modify メソッドのパラメーターは以下の通りで、結果は RR に戻るので戻り値はない。

| パラメーター | 型 | 解説 |
|---|---|---|
| この部分にリソースレコードのタイプに応じたパラメーター | | |
| RR | Ref | リソースレコードの新しいオブジェクトへの参照 |

多くのクラスがありそれぞれ微妙に異なるパラメーターを必要としているので、これをすべてここに掲載していくと似たような内容でとんでもない分量になりかねない。ここでは、各クラスのメソッドとそのパラメーターを一覧する PowerShell スクリプトを紹介しよう。まずは、ちょっと長いが、次の関数定義を実行する。

```
Function Get-WMIMethodList
{
  Param(
    [String] $Namespace = "ROOT¥CIMV2",
    [parameter(Mandatory=$true,Position=0)]
    [String] $Class
```

```
)
Get-WmiObject -Namespace $Namespace -List |
Where-Object { $_.Name -Like $Class } |
ForEach-Object {
  "CLASS = "+$_.Name
  $_.Methods |
  ForEach-Object {
    " METHOD = "+$_.Name
    $_.Qualifiers | foreach-Object {
      $xop=""
      If ($_.Value -eq $True) {"`t"+$_.Name}
      ElseIf ($_.Value -is [array]) {"`t"+$_.Name+"={"+($_.Value -Join ",")+"}"}
      else {"`t"+$_.Name+"="+($_.Value)}
    }
    $params = ($_.InParameters.Properties) + ($_.OutParameters.Properties)
    $params | ForEach-Object {
      $xid=$null
      $xio=" "
      $xop=""
      $_.Qualifiers | ForEach-Object {
        If ($_.Name -ne "CIMTYPE") {
          If ($_.Name -eq "ID") {$xid=$_.Value}
          ElseIf ($_.Value -eq $True) {$xio+=$_.Name+" "}
          ElseIf ($_.Value -is [array])
                    {$xop+=" "+$_.Name+"={"+($_.Value -Join ",")+"}"}
          ElseIf ($_.Value -is [string]) {$xop+=" "+$_.Name+'="'+$_.Value+'"'}
          else { $xop+=" "+$_.Name+"="+($_.Value)}
        }
      }
      If ($_.Name -ne $Null ) {"`t"+$xid+$xio+"["+$_.Type+
            (&{if ($_.IsArray) {"[]"}})+"] "+$_.Name+(&{if ($_.Value -ne $null)
            {" = "+$_.Value}})+" #"+$xop}
    } | Sort
  }
}
}
```

これを単純に PowerShell のコマンドラインで入力するだけで定義できる。関数の中ではクラス名の確認にワイルドカードを使うことができるようにしてある。上の関数を入力したら、次のようにしてクラスのメソッドを確認することができる。

## 3.4 Microsoft DNS の情報

```
PS C:¥windows¥System32> Get-WMIMethodList -Namespace "ROOT¥MicrosoftDNS" -Class "Micr
osoftDNS_NSType"
CLASS = MicrosoftDNS_NSType
 METHOD = CreateInstanceFromTextRepresentation
        Description=This method parses the resource record in the TextRepresentation
string, and along with the input DNS server and Container names, defines and instanti
ates a ResourceRecord object. The method returns a reference to the new object as an
output parameter.
        0 IN [String] DnsServerName #
        1 IN [String] ContainerName #
        2 IN [String] TextRepresentation #
        3 OUT [Reference] RR #
 METHOD = GetObjectByTextRepresentation
        Description=This method to retrieve an existing instance of the MicrosoftDns_
ResourceRecord subclass, represented by the TextRepresentation string along with Dns
Server and container name.
        0 IN [String] DnsServerName #
        1 IN [String] ContainerName #
        2 IN [String] TextRepresentation #
        3 OUT [Object] RR #
 METHOD = CreateInstanceFromPropertyData
        Description=This method instantiates an 'NS' Type of Resource Record based on
 the data in the method's input parameters: the record's DNS Server Name, Container N
ame, Owner Name, class (default = IN), 'time to live' value and the host with authori
ty for the domain. It returns a reference to the new object as an output parameter.
        Implemented
        static
        0 IN [String] DnsServerName #
        1 IN [String] ContainerName #
        2 IN [String] OwnerName #
        3 IN optional [UInt32] RecordClass = 1 # Valuemap={1,2,3,4} Values={IN (Inter
net),CS (CSNET),CH (CHAOS),HS (Hesiod)}
        4 IN optional [UInt32] TTL #
        5 IN [String] NSHost #
        6 OUT [Reference] RR #
 METHOD = Modify
        Description=This method updates the TTL and NS Host to the values specified a
s the input parameters of this method. If a new value for some parameter is not speci
fied, then the current value for this parameter IS not changed. The method returns a
reference to the modified object as an output parameter.
```

第 3 章　WMI を調べものに使う

```
          Implemented
          0 IN optional [UInt32] TTL #
          1 IN optional [String] NSHost #
          2 OUT [Reference] RR #
```

「METHOD =」の後ろがメソッドの名前で、続く行にメソッドの説明文やメソッドのパラメーターが表示される。IN とあるのは入力パラメーター、OUT とあるのが出力パラメーターであり、0 から順に並べて指定する。戻り値がある場合は、

```
PS C:¥WINDOWS¥system32> Get-WMIMethodList -Namespace "ROOT¥MicrosoftDNS" -Class "Micr
osoftDNS_Domain"
CLASS = MicrosoftDNS_Domain
 METHOD = GetDistinguishedName
        OUT [string] ReturnValue
```

というように、番号なしの OUT で表示される。

136

## 3.5

# ファイアウォールの情報

　Windowsファイアウォールの構成はNetsh Advfirewallコマンドで行うのが一般的だっ
たが、PowerShellへの移行が推奨されている。PowerShellでは以下のコマンドレットを使っ
て操作できる。

```
Copy-NetFirewallRule
Disable-NetFirewallRule
Enable-NetFirewallRule
Get-NetFirewallAddressFilter
Get-NetFirewallApplicationFilter
Get-NetFirewallInterfaceFilter
Get-NetFirewallInterfaceTypeFilter
Get-NetFirewallPortFilter
Get-NetFirewallProfile
Get-NetFirewallRule
Get-NetFirewallSecurityFilter
Get-NetFirewallServiceFilter
Get-NetFirewallSetting
New-NetFirewallRule
Remove-NetFirewallRule
Rename-NetFirewallRule
Set-NetFirewallAddressFilter
Set-NetFirewallApplicationFilter
Set-NetFirewallInterfaceFilter
Set-NetFirewallInterfaceTypeFilter
Set-NetFirewallPortFilter
Set-NetFirewallProfile
Set-NetFirewallRule
Set-NetFirewallSecurityFilter
Set-NetFirewallServiceFilter
Set-NetFirewallSetting
Show-NetFirewallRule
```

　これらのコマンドレットは内部的にはWMIを利用している。つまり、WMIを直接

第 3 章　WMI を調べものに使う

操作して Windows ファイアウォールを操作することが可能なのだ。たとえば、Get-NetFirewallProfile コマンドレットを実行してみる。

```
PS C:¥WINDOWS¥system32> Get-NetFirewallProfile


Name                          : Domain
Enabled                       : True
DefaultInboundAction          : NotConfigured
DefaultOutboundAction         : NotConfigured
AllowInboundRules             : NotConfigured
AllowLocalFirewallRules       : NotConfigured
AllowLocalIPsecRules          : NotConfigured
AllowUserApps                 : NotConfigured
AllowUserPorts                : NotConfigured
AllowUnicastResponseToMulticast : NotConfigured
NotifyOnListen                : True
EnableStealthModeForIPsec     : NotConfigured
LogFileName                   : %systemroot%¥system32¥LogFiles¥Firewall¥pfirewall.log
LogMaxSizeKilobytes           : 4096
LogAllowed                    : False
LogBlocked                    : False
LogIgnored                    : NotConfigured
DisabledInterfaceAliases      : {NotConfigured}

Name                          : Private
Enabled                       : True
DefaultInboundAction          : NotConfigured
DefaultOutboundAction         : NotConfigured
AllowInboundRules             : NotConfigured
AllowLocalFirewallRules       : NotConfigured
AllowLocalIPsecRules          : NotConfigured
AllowUserApps                 : NotConfigured
AllowUserPorts                : NotConfigured
AllowUnicastResponseToMulticast : NotConfigured
NotifyOnListen                : True
EnableStealthModeForIPsec     : NotConfigured
LogFileName                   : %systemroot%¥system32¥LogFiles¥Firewall¥pfirewall.log
LogMaxSizeKilobytes           : 4096
```

```
LogAllowed                      : False
LogBlocked                      : False
LogIgnored                      : NotConfigured
DisabledInterfaceAliases        : {NotConfigured}

Name                            : Public
Enabled                         : True
DefaultInboundAction            : NotConfigured
DefaultOutboundAction           : NotConfigured
AllowInboundRules               : NotConfigured
AllowLocalFirewallRules         : NotConfigured
AllowLocalIPsecRules            : NotConfigured
AllowUserApps                   : NotConfigured
AllowUserPorts                  : NotConfigured
AllowUnicastResponseToMulticast : NotConfigured
NotifyOnListen                  : True
EnableStealthModeForIPsec       : NotConfigured
LogFileName                     : %systemroot%\system32\LogFiles\Firewall\pfirewall.log
LogMaxSizeKilobytes             : 4096
LogAllowed                      : False
LogBlocked                      : False
LogIgnored                      : NotConfigured
DisabledInterfaceAliases        : {NotConfigured}
```

これを WMI から取得してみよう。

```
PS C:\WINDOWS\system32> Get-WmiObject -namespace "ROOT\StandardCimv2" MSFT_NetFirewal
lProfile


__GENUS                         : 2
__CLASS                         : MSFT_NetFirewallProfile
__SUPERCLASS                    : CIM_ManagedElement
__DYNASTY                       : CIM_ManagedElement
__RELPATH                       : MSFT_NetFirewallProfile.InstanceID="MSFT|FW|Firewal
                                  lProfile|Domain"
__PROPERTY_COUNT                : 22
__DERIVATION                    : {CIM_ManagedElement}
```

```
__SERVER                        : ALPHA
__NAMESPACE                     : ROOT¥StandardCimv2
__PATH                          : ¥¥ALPHA¥ROOT¥StandardCimv2:MSFT_NetFirewallProfile.
                                  InstanceID="MSFT|FW|FirewallProfile|Domain"
AllowInboundRules               : 2
AllowLocalFirewallRules         : 2
AllowLocalIPsecRules            : 2
AllowUnicastResponseToMulticast : 2
AllowUserApps                   : 2
AllowUserPorts                  : 2
Caption                         :
DefaultInboundAction            : 0
DefaultOutboundAction           : 0
Description                     :
DisabledInterfaceAliases        : {NotConfigured}
ElementName                     :
Enabled                         : 1
EnableStealthModeForIPsec       : 2
InstanceID                      : MSFT|FW|FirewallProfile|Domain
LogAllowed                      : 0
LogBlocked                      : 0
LogFileName                     : %systemroot%¥system32¥LogFiles¥Firewall¥pfirewall.l
                                  og
LogIgnored                      : 2
LogMaxSizeKilobytes             : 4096
Name                            : Domain
NotifyOnListen                  : 1
PSComputerName                  : ALPHA


__GENUS                         : 2
__CLASS                         : MSFT_NetFirewallProfile
__SUPERCLASS                    : CIM_ManagedElement
__DYNASTY                       : CIM_ManagedElement
__RELPATH                       : MSFT_NetFirewallProfile.InstanceID="MSFT|FW|Firewal
                                  lProfile|Private"
__PROPERTY_COUNT                : 22
__DERIVATION                    : {CIM_ManagedElement}
__SERVER                        : ALPHA
__NAMESPACE                     : ROOT¥StandardCimv2
__PATH                          : ¥¥ALPHA¥ROOT¥StandardCimv2:MSFT_NetFirewallProfile.
                                  InstanceID="MSFT|FW|FirewallProfile|Private"
```

```
AllowInboundRules                  : 2
AllowLocalFirewallRules            : 2
AllowLocalIPsecRules               : 2
AllowUnicastResponseToMulticast    : 2
AllowUserApps                      : 2
AllowUserPorts                     : 2
Caption                            :
DefaultInboundAction               : 0
DefaultOutboundAction              : 0
Description                        :
DisabledInterfaceAliases           : {NotConfigured}
ElementName                        :
Enabled                            : 1
EnableStealthModeForIPsec          : 2
InstanceID                         : MSFT|FW|FirewallProfile|Private
LogAllowed                         : 0
LogBlocked                         : 0
LogFileName                        : %systemroot%¥system32¥LogFiles¥Firewall¥pfirewall.l
                                     og
LogIgnored                         : 2
LogMaxSizeKilobytes                : 4096
Name                               : Private
NotifyOnListen                     : 1
PSComputerName                     : ALPHA

__GENUS                            : 2
__CLASS                            : MSFT_NetFirewallProfile
__SUPERCLASS                       : CIM_ManagedElement
__DYNASTY                          : CIM_ManagedElement
__RELPATH                          : MSFT_NetFirewallProfile.InstanceID="MSFT|FW|Firewal
                                     lProfile|Public"
__PROPERTY_COUNT                   : 22
__DERIVATION                       : {CIM_ManagedElement}
__SERVER                           : ALPHA
__NAMESPACE                        : ROOT¥StandardCimv2
__PATH                             : ¥¥ALPHA¥ROOT¥StandardCimv2:MSFT_NetFirewallProfile.
                                     InstanceID="MSFT|FW|FirewallProfile|Public"
AllowInboundRules                  : 2
AllowLocalFirewallRules            : 2
AllowLocalIPsecRules               : 2
AllowUnicastResponseToMulticast    : 2
```

第 3 章　WMI を調べものに使う

```
AllowUserApps             : 2
AllowUserPorts            : 2
Caption                   :
DefaultInboundAction      : 0
DefaultOutboundAction     : 0
Description               :
DisabledInterfaceAliases  : {NotConfigured}
ElementName               :
Enabled                   : 1
EnableStealthModeForIPsec : 2
InstanceID                : MSFT|FW|FirewallProfile|Public
LogAllowed                : 0
LogBlocked                : 0
LogFileName               : %systemroot%¥system32¥LogFiles¥Firewall¥pfirewall.1
                            og
LogIgnored                : 2
LogMaxSizeKilobytes       : 4096
Name                      : Public
NotifyOnListen            : 1
PSComputerName            : ALPHA
```

名前が「__」で始まる項目と PSComputerName 以外は同じ項目名がそろっている。これら
は WMI のクラス構造としての項目なので、無視してしまっても構わない。それ以外を見れ
ば、値が文字表現ではなく数値になっている項目があるだけで、本質的にはまったく同じ内
容だ。Windows ファイアウォールに関するクラスには以下のものがある。

```
PS C:¥WINDOWS¥system32> Get-WmiObject -namespace "ROOT¥StandardCimv2" -List | Where-O
bject {$_.Name -Like "MSFT_NetFire*"} | Format-Table -AutoSize


   NameSpace: ROOT¥StandardCimv2

Name                                Methods
----                                -------
MSFT_NetFirewallRule                {Enable, Disable, Rename, CloneObject...}
MSFT_NetFirewallProfile             {}
MSFT_NetFirewallRuleInProfile       {}
```

142

```
MSFT_NetFirewallRuleFilters                {}
MSFT_NetFirewallRuleFilterByAddress        {}
MSFT_NetFirewallRuleFilterByApplication    {}
MSFT_NetFirewallRuleFilterByInterface      {}
MSFT_NetFirewallRuleFilterByInterfaceType  {}
MSFT_NetFirewallRuleFilterByProtocolPort   {}
MSFT_NetFirewallRuleFilterBySecurity       {}
MSFT_NetFirewallRuleFilterByService        {}
```

Get-NetFirewallSetting と Set-NetFirewallSetting は上の一覧にはなく、MSFT_
NetSecuritySettingData クラスになる。

```
PS C:\WINDOWS\system32> Get-NetFirewallSetting


Name                                       : Global IPsec SettingData
Exemptions                                 : NeighborDiscovery, Dhcp
EnableStatefulFtp                          : True
EnableStatefulPptp                         : True
ActiveProfile                              : NotApplicable
RemoteMachineTransportAuthorizationList    : NotConfigured
RemoteMachineTunnelAuthorizationList       : NotConfigured
RemoteUserTransportAuthorizationList       : NotConfigured
RemoteUserTunnelAuthorizationList          : NotConfigured
RequireFullAuthSupport                     : NotConfigured
CertValidationLevel                        : NotConfigured
AllowIPsecThroughNAT                       : NotConfigured
MaxSAIdleTimeSeconds                       : NotConfigured
KeyEncoding                                : NotConfigured
EnablePacketQueuing                        : NotConfigured


PS C:\WINDOWS\system32> Get-WmiObject -namespace "ROOT\StandardCimv2" MSFT_NetSecurit
ySettingData


__GENUS                                    : 2
```

第 3 章　WMI を調べものに使う

```
__CLASS                                     : MSFT_NetSecuritySettingData
__SUPERCLASS                                : MSFT_NetSettingData
__DYNASTY                                   : CIM_ManagedElement
__RELPATH                                   : MSFT_NetSecuritySettingData.InstanceID="MSF
                                              T|GlobalIPSecSettingData"
__PROPERTY_COUNT                            : 18
__DERIVATION                                : {MSFT_NetSettingData, CIM_SettingData, CIM_
                                              ManagedElement}
__SERVER                                    : ALPHA
__NAMESPACE                                 : ROOT¥StandardCimv2
__PATH                                      : ¥¥ALPHA¥ROOT¥StandardCimv2:MSFT_NetSecurity
                                              SettingData.InstanceID="MSFT|GlobalIPSecSet
                                              tingData"
AllowIPsecThroughNAT                        : 65535
Caption                                     :
CertValidationLevel                         : 65535
Description                                 :
ElementName                                 : Global IPsec SettingData
EnablePacketQueuing                         : 65535
EnableStatefulFtp                           : 1
EnableStatefulPptp                          : 1
Exemptions                                  : 9
InstanceID                                  : MSFT|GlobalIPSecSettingData
KeyEncoding                                 : 65535
MaxSAIdleTimeSeconds                        : 0
Profile                                     : 65535
RemoteMachineTransportAuthorizationList     : NotConfigured
RemoteMachineTunnelAuthorizationList        : NotConfigured
RemoteUserTransportAuthorizationList        : NotConfigured
RemoteUserTunnelAuthorizationList           : NotConfigured
RequireFullAuthSupport                      : 2
PSComputerName                              : ALPHA
```

Get-NetFirewallSetting コマンドレットでは Name となっている項目が、MSFT_
NetSecuritySettingData クラスでは ElementName になっていたり、一部の項目が数値
表現になっていたりもするが、同じものを見ているのは明らかだ。

| コマンドレット | 対応する WMI クラス |
|---|---|
| Copy-NetFirewallRule | MSFT_NetFirewallRule |
| Disable-NetFirewallRule | MSFT_NetFirewallRule |
| Enable-NetFirewallRule | MSFT_NetFirewallRule |
| Get-NetFirewallAddressFilter | MSFT_NetFirewallRuleFilterByAddress |
| Get-NetFirewallApplicationFilter | MSFT_NetFirewallRuleFilterByApplication |
| Get-NetFirewallInterfaceFilter | MSFT_NetFirewallRuleFilterByInterface |
| Get-NetFirewallInterfaceTypeFilter | MSFT_NetFirewallRuleFilterByInterfaceType |
| Get-NetFirewallPortFilter | MSFT_NetFirewallRuleFilterByProtocolPort |
| Get-NetFirewallProfile | MSFT_NetFirewallProfile |
| Get-NetFirewallRule | MSFT_NetFirewallRule |
| Get-NetFirewallSecurityFilter | MSFT_NetFirewallRuleFilterBySecurity |
| Get-NetFirewallServiceFilter | MSFT_NetFirewallRuleFilterByService |
| Get-NetFirewallSetting | MSFT_NetSecuritySettingData |
| New-NetFirewallRule | MSFT_NetFirewallRule |
| Remove-NetFirewallRule | MSFT_NetFirewallRule |
| Rename-NetFirewallRule | MSFT_NetFirewallRule |
| Set-NetFirewallAddressFilter | MSFT_NetFirewallRuleFilterByAddress |
| Set-NetFirewallApplicationFilter | MSFT_NetFirewallRuleFilterByApplication |
| Set-NetFirewallInterfaceFilter | MSFT_NetFirewallRuleFilterByInterface |
| Set-NetFirewallInterfaceTypeFilter | MSFT_NetFirewallRuleFilterByInterfaceType |
| Set-NetFirewallPortFilter | MSFT_NetFirewallRuleFilterByProtocolPort |
| Set-NetFirewallProfile | MSFT_NetFirewallProfile |
| Set-NetFirewallRule | MSFT_NetFirewallRule |
| Set-NetFirewallSecurityFilter | MSFT_NetFirewallRuleFilterBySecurity |
| Set-NetFirewallServiceFilter | MSFT_NetFirewallRuleFilterByService |
| Set-NetFirewallSetting | MSFT_NetSecuritySettingData |

Show-NetFirewallRule コマンドレットは複数のクラスを合成した出力を出す。

　PowerShell の Windows ファイアウォール関連のコマンドレットは、ネットワーク上の他のマシンへの接続のやり方が一般的なコマンドレットと少し異なっている。一般的なコマンドレットでは -ComputerName オプションと -Credential オプションで接続情報を得るが、Windows ファイアウォール関連のコマンドレットでは -CimSession オプションを使う。-CimSession オプションには CIM セッションオブジェクトを指定するわけだが、CIM セッションオブジェクトを得るためには New-CimSession または Get-CimSession コマンドレットを使用する。初めに、New-CimSession でコンピューター名と資格情報を指定して、CIM セッションオブジェクトを作成する。

第 3 章　WMI を調べものに使う

```
PS C:\WINDOWS\system32> $s = New-CimSession -ComputerName ALPHA -Credential "ALPHA\BE
TA"
PS C:\WINDOWS\system32> $s


Id           : 1
Name         : CimSession1
InstanceId   : f4afe625-fb95-4f24-baee-d22a48f20310
ComputerName : ALPHA
Protocol     : WSMAN
```

　ここでは変数に代入しているが、作成された CIM セッションオブジェクトはそのまま残っていて、Get-CimSession で参照可能だ。

```
PS C:\WINDOWS\system32> Get-CimSession


Id           : 1
Name         : CimSession1
InstanceId   : f4afe625-fb95-4f24-baee-d22a48f20310
ComputerName : ALPHA
Protocol     : WSMAN
```

　Windows ファイアウォール関連のコマンドレットでは、この CIM セッションオブジェクトを使って次のようにして他のマシンを参照する。

```
PS C:\WINDOWS\system32> Get-NetFirewallProfile -CimSession $s


Name                            : Domain
Enabled                         : True
DefaultInboundAction            : NotConfigured
DefaultOutboundAction           : NotConfigured
AllowInboundRules               : NotConfigured
```

146

```
AllowLocalFirewallRules        : NotConfigured
AllowLocalIPsecRules           : NotConfigured
AllowUserApps                  : NotConfigured
AllowUserPorts                 : NotConfigured
AllowUnicastResponseToMulticast : NotConfigured
NotifyOnListen                 : True
EnableStealthModeForIPsec      : NotConfigured
LogFileName                    : %systemroot%¥system32¥LogFiles¥Firewall¥pfirewall.l
                                 og
LogMaxSizeKilobytes            : 4096
LogAllowed                     : False
LogBlocked                     : False
LogIgnored                     : NotConfigured
DisabledInterfaceAliases       : {NotConfigured}
PSComputerName                 : ALPHA
…… (以下略) ……
```

　CIM セッションは複数作成して開きっぱなしにしておける。不要になった場合は
Remove-CimSession コマンドレットで削除する。すべての CIM セッションを一度に閉じ
るなら、次のようにする。

```
PS C:¥WINDOWS¥system32> Get-CimSession | Remove-CimSession
```

　もちろん WMI クラスを直接操作しても構わないが、実際問題として Windows ファイア
ウォール関連の WMI クラスの生の情報は非常にわかりづらいし、整合性がとれるように操
作することもかなり難しい。ここは PowerShell のコマンドレットを介して操作することを
お勧めする。コマンドレットにはコマンドラインからヘルプを参照できるので、細かい仕様
方法は -Detailed オプションを付けたヘルプで確認してほしい。

第 3 章　WMI を調べものに使う

## 3.6

# その他の情報

### 3.6.1　Win32_NTDomain

Win32_NTDomain は Windows ドメインを表すクラス。Active Directory に関しては WMI ではできないこともあり、ADSI を利用する方がいいだろう。PowerShell であればそもそもコマンドレットが用意されているし、コマンド自体もドメインやフォレストやメンバーサーバーやクライアントマシンを意識したつくりになっているので、わざわざ WMI を経由する必要はない。

#### ■ Win32_NTDomain のプロパティ

**Caption と Description、Name**

Caption は名称を表す、読み出し専用の文字列。Description はオブジェクトの説明を記述した、読み出し専用の文字列。どちらも Win32_NTDomain ではドメイン名が設定される。Name はオブジェクトを識別するラベルとしての、読み出し専用の文字列。Win32_NTDomain ではラベル付きのドメイン名が設定される。

**ClientSiteName**

ドメインコントローラーが設定されているサイトの名前を表す、読み出し専用の文字列。この値は空であることもある。

**CreationClassName**

インスタンスの作成に使用されるクラスまたはサブクラスの名前（すなわち Win32_NTDomain）を表す、読み出し専用の文字列。

**DcSiteName**

ドメインコントローラーが配置されているサイトの名前を表す、読み出し専用の文字列。

148

この値は空であることもある。

**DNSForestName**

DNS ツリーのルートの名前を表す、読み出し専用の文字列。

**DomainControllerAddress と DomainControllerName、DomainControllerAddressType**

DomainControllerAddress は確認されたドメインコントローラーのアドレス。
DomainControllerName は確認されたドメインコントローラーのコンピューター名。
DomainControllerAddressType が 1 なら DomainControllerAddress のアドレスは IP
アドレス。DomainControllerAddressType が 2 なら DomainControllerAddress のア
ドレスは NetBIOS のアドレス。

**DomainGUID**

ドメインコントローラーのグローバル一意識別子（GUID）。ドメインコントローラーが
GUID を持っていない場合は 0。

**DomainName**

ドメインの名前。

**DSDnsControllerFlag と DSDnsDomainFlag、DSDnsForestFlag**

DSDnsControllerFlag が True の場合、ドメインコントローラー名は DNS 形式。
DSDnsDomainFlag が True の場合、ドメイン名の値は DNS 形式。
DSDnsForestFlag が True の場合、DNSForestName 値はドメインネームシステム（DNS）
形式。

**DSDirectoryServiceFlag と DSGlobalCatalogFlag、DSKerberosDistributionCenterFlag、
DSPrimaryDomainControllerFlag**

DSDirectoryServiceFlag が True の場合、ドメインコントローラーはディレクトリ
サービスサーバー。

DSGlobalCatalogFlag が True の場合、ドメインコントローラーは DNSForestName 値
のグローバルカタログサーバー。

DSKerberosDistributionCenterFlag が True の場合、ドメインコントローラーはド
メインの Kerberos キー配布センター。

DSPrimaryDomainControllerFlag が True の場合、ドメインコントローラーはプライ
マリドメインコントローラー。

### DSTimeServiceFlag

DSTimeServiceFlag が True の場合、ドメインで Windows タイムサービスを実行して
いる。

### DSWritableFlag

DSWritableFlag が True の場合、ドメインコントローラーは書き込み可能な DS または
セキュリティアカウントマネージャー（SAM）をホストする。

### InstallDate

InstallDate はこのオブジェクトがいつインストールされたかを示す、DateTime 型。
値が設定されていない場合もある。

### NameFormat

システム名を生成するフォーマット（サブクラスのヒューリスティックを使用）。

### PrimaryOwnerContact と PrimaryOwnerName

PrimaryOwnerContact はプライマリシステム所有者に連絡する方法（たとえば電話番号
や電子メールアドレス）。PrimaryOwnerName はプライマリシステム所有者の名前。

### Roles

システムが IT 環境で果たす役割を指定する、文字列配列。値はシステムが存在する IT 環
境によって定義される。

### Status

オブジェクトの状態を表す、文字列。

| 値 | 意味 |
|---|---|
| OK | OK |
| Error | エラー |
| Degraded | 劣化 |
| Unknown | 未知の状況 |
| Pred Fail | 障害が予測される状況 |
| Starting | 開始中 |
| Stopping | 停止中 |
| Service | 管理作業の実行中 |
| Stressed | ストレスを受けている |
| NonRecover | 回復できない |
| No Contact | 接続できない |
| Lost Comm | 通信を失った |

## 3.6.2 Win32_PingStatus

Win32_PingStatus は ping コマンドによって返される値を表すクラス。つまり ping を実行した結果を格納する。PowerShell からは Test-Connection コマンドレットの結果として得られる。

```
PS C:\WINDOWS\system32> Test-Connection 192.168.1.1

Source      Destination  IPV4Address  IPV6Address       Bytes  Ti
                                                               me
                                                               (m
                                                               s)

------      -----------  -----------  -----------       -----  --
BLACK       192.168.1.1                                  32     0
BLACK       192.168.1.1                                  32     0
BLACK       192.168.1.1                                  32     6
BLACK       192.168.1.1                                  32     1
```

## ■ Win32_PingStatus のプロパティ

### Address と ProtocolAddress、ProtocolAddressResolved

Address は要求されたアドレス値。値の形式は、コンピューター名、IPv4 アドレス、IPv6 アドレスのいずれか。ProtocolAddress は宛先が応答するために使用したアドレス。ProtocolAddressResolved は ProtocolAddress プロパティに対応する解決されたアドレス。

### BufferSize

ping コマンドで送信されたバッファサイズ。デフォルト値は 32。

### NoFragmentation

NoFragmentation が True の場合、送信パケットに「フラグメントしないでください」とマークする。

### PrimaryAddressResolutionStatus

アドレス解決プロセスのステータス。成功した場合は 0。

### RecordRoute

パケットが経路上でいくつホップが記録されるかを指定する。デフォルトは 0。

### ReplyInconsistency

一貫性のない応答データが報告されれば True。

### ReplySize

返されたバッファのサイズ。

### ResolveAddressNames

ResolveAddressNames が True の場合は、出力アドレス値のアドレスを名前に解決する。デフォルトは False。

**ResponseTime と ResponseTimeToLive**

ResponseTime は要求を処理するために経過した時間。ResponseTimeToLive は要求が受信されてからの生存時間。

**RouteRecord と RouteRecordResolved**

RouteRecord は中間ホップを記録した、文字列配列。RouteRecordResolved は RouteRecord 値に対応する解決されたアドレス。

**SourceRoute と SourceRouteType**

SourceRoute は有効なソースルートの、カンマ区切りリスト。SourceRouteType は SourceRoute プロパティで指定されたホストのリストに使用する、ソースルートオプションのタイプ。デフォルトは 0。

| 値 | タイプ |
|---|---|
| 0 | なし |
| 1 | ルーズソースルーティング |
| 2 | ストリクトソースルーティング |

**StatusCode**

ping コマンドのステータスコード。

| 値 | 意味 |
|---|---|
| 0 | 成功 |
| 11001 | バッファが小さすぎる |
| 11002 | 宛先ネット到達不能 |
| 11003 | 宛先ホスト到達不能 |
| 11004 | 宛先プロトコル到達不能 |
| 11005 | 宛先ポート到達不能 |
| 11006 | リソースがない |
| 11007 | 不正なオプション |
| 11008 | ハードウエアのエラー |
| 11009 | パケットが大きすぎる |
| 11010 | リクエストはタイムアウト |
| 11011 | リクエストが不正 |
| 11012 | 不正ルート |

第 3 章　WMI を調べものに使う

| 値 | 意味 |
|---|---|
| 11013 | `TimeToLive` の期限切れトランジット |
| 11014 | `TimeToLive` の期限切れのリアセンブリ |
| 11015 | パラメーター問題 |
| 11016 | 始点抑制要求 |
| 11017 | オプションが大きすぎる |
| 11018 | 宛先が不正 |
| 11032 | IPSEC のネゴシエーション中 |
| 11050 | 一般エラー |

### Timeout

ミリ秒単位のタイムアウト値。デフォルトは 1000 ミリ秒。

### TimeStampRecord と TimeStampRecordAddress、TimeStampRecordAddressResolved、TimeStampRoute

`TimeStampRecord` は中間ホップのタイムスタンプを記録した、32 ビット整数配列。`TimeStampRecordAddress` は `TimeStampRecord` 値に対応する中間ホップのアドレスを記録した、文字列配列。`TimeStampRecordAddressResolved` は `TimeStampRecordAddress` 値に対応する解決されたアドレスの、文字列配列。`TimeStampRoute` はパケットが経路上でタイムスタンプ情報と一緒に記録される必要があるホップの数を示す。

### TimeToLive

秒単位での ping パケットの寿命（上限値）。すべてのルーターはこの値を 1 ずつデクリメントし、値が 0 になるとルーターによってパケットが廃棄される。デフォルト値は 80 秒。

### TypeofService

使用されているサービスの種類。デフォルト値は 0。

| 値 | TOS 機能 |
|---|---|
| 0 | 通常 |
| 2 | 金銭的な最小コスト |
| 4 | 最大信頼性 |
| 8 | 最大スループット |
| 16 | 最小遅延 |

# スクリプトの基本形

第 4 章　スクリプトの基本形

　WMI を wmic や PowerShell を使ってコマンド的に使用することはもちろんできるが、実用性を考えればスクリプト化して使用するのが望ましい。ドメイン名やネットワーク構成は実際に管理する対象となる環境では不変であることがほとんどなので、スクリプトにハードコーディングしてしまう方が省力化できるからだ。

　Windows のスクリプト環境は、昔懐かしい BAT ファイル、WSH を使用した VBScript または JScript、PowerShell の ps1 ファイルの三種類と言って構わないだろう。

　このうち BAT ファイルはほとんど役に立たない。wmic コマンドを呼び出すしかないからだ。

　JScript は Windows 環境をいじるには若干問題があるので、WSH では VBScript ということになる。VBScript のサンプルもネット上に多く存在している。WSH の最大の問題点は、インタープリターのくせしてインタラクティブコマンドライン環境がない点である。ある程度のサイズのスクリプトでも実行してみるまで文法チェックもできないという残念仕様。さらに、ファイルの I/O を自前ではサポートしていなくて、FileSystemObject や ActiveX データオブジェクトなどを使って綱渡りをしないといけないとか、起動時に一瞬ではあるが CPU を限界まで使うとか、オブジェクトの取り扱いが煩雑であるとか、コードの再利用が難しいなどの欠点がある。

　PowerShell スクリプトであれば、もともとオブジェクトを取り扱うようにできているので、煩雑さは激減しているし、処理を関数化して再利用する仕組みがあったり、スクリプトへのパラメーターをうまくこなす仕組みを持っていたり、小さな部分をコマンドラインで確認することも可能などの利点があるのでお勧めである。デフォルトではコード署名されていないスクリプトはまったく動かないというのは、欠点ではないだろう。公的な電子証明書を取得するハードルはかなり高いが、管理作業用の PC 上で Set-ExecutionPolicy RemoteSigned としておけばおおむね問題がないはずである。

156

## 4.1

# スクリプトの出だし

ネットワーク管理者という立場上、WMI を利用する対象は自分で使うローカル PC ではなく、ネットワーク上にある他のマシンであり、WMI スクリプトの出だしは基本的に定型となる。

VBScript であれば、表示がいちいちダイアログボックスになるのは不便なので、コマンドプロンプトからの実行になる。多数の情報を表示するケースでは、wscript.exe では VBScript を起動しない方がよい。VBScript のありがちな技法としては、wscript.exe で起動されたら cscript.exe から起動し直すというものもあるが、コマンドプロンプトの新しいウインドウが開かれて、スクリプト終了直後に閉じてしまうという事態になるのでこれもお勧めしない。安全な方法は、cscript.exe 以外で実行された場合は何もしないようにしておくことだ。

つまり、スクリプトの出だしは必ず次のようになる。

```
If WScript.FullName <> WScript.Path & "¥cscript.exe" Then
  WScript.Echo WScript.ScriptName & "はcscript.exeから実行してください。"
  WScript.Quit(-1)
End If
```

これは単純に、起動したスクリプトエンジンが cscript.exe であるかどうかを判断し、そうでない場合はメッセージを表示して終了してしまうだけのコードである。終了メソッドの WScript.Quit(-1) の -1 はとても重要だ。このケースで終了する場合は、スクリプトは使用者の期待通りには動いていない。スクリプトが期待通りに動いた場合に、親プロセスに返す終了値は 0 であるべきなので、ここでは非 0 の値を返さなければならない。さらに、いくつかの原因がはっきりしている不都合な状況の場合には、何か意味ありげな値を返すべきなので、このような本当に何もしないというケースでは -1 を返すのがベストである。

異なる手法としては、HTA を利用して HTML の GUI を作るなんていう方法もあるが、無駄にやることが増えるだけであまり意味はないので割愛する。

PowerShell スクリプトは、WSH のように実行環境が異なるふたつの処理系は存在してい

第4章 スクリプトの基本形

ないので、このような予防措置をとる必要はない。

## 4.2
# パラメーターの処理

　次に続くのはコマンドラインパラメーターを処理する部分になる。まったくパラメーターを要求しないスクリプトにすることももちろん可能だが、そんなスクリプトばかりでは柔軟性に欠けすぎてしまう。

### ■ VBScript のパラメーター処理
　VBScript の場合は、自由表記的な名前なしパラメーターと、オプション名を明記して書く名前付きパラメーターの処理ができるようになっている。パラメーターがひとつとか一種類とか少ない場合は、名前なしパラメーターがお勧めで、パラメーターが多い場合は順番をあれこれ考える必要がないので、名前付きパラメーターを使うのがお勧めだ。
　名前なしパラメーターの場合は以下のようにする。

```
For ac = 0 To (WScript.Arguments.Unnamed.count - 1)
    WScript.Echo WScript.Arguments.Unnamed(ac)
Next
```

この例では WScript.Echo の行でパラメーターをただ表示するだけだ。つまり、この部分にパラメーターに対応する処理を記述する。
　名前付きパラメーターの場合、順番は関係ない。

```
If WScript.Arguments.Named.Count > 0 Then
    If WScript.Arguments.Named.Exists("ANYFLAG") Then anyflg = True
    If WScript.Arguments.Named.Exists("ANYPARAM") _
        Then param = WScript.Arguments.Named.Item("ANYPARAM")
End If
```

ANYFLAG の行は、名前だけで機能するオプションの例である。これはたとえば、-DEBUG とか -TEST といったオプションで使う。ANYPARAM の行は値を持つオプションパラメーターの例である。これは、-IPADDRESS:"192.168.1.1" というように使う。-IPADDRESS というパラメーターなら、WScript.Arguments.Named.Item("IPADDRESS") でコロンの後ろにある値が取り出せる。

VBScript のパラメーターの扱いはそれなりに工夫されてはいるが、パラメーターをいかに取り込むかについては完全にプログラマーに任されているという点で、従来型のプログラミング言語の範疇を出ていない。名前付きパラメーターでも、どんなパラメーターが有効であるのかを処理系が知る方法がないので、-DEBUG とするべきところを -DEBAG とスペルミスしても、誰も注意してくれない。そこが欠点ではある。

### ■ PowerShell のパラメーター処理

PowerShell のパラメーターの処理は、VBScript のような昔ながらのプログラマー任せのやり方を完全に排除している。パラメーターを取り込むための処理を書く必要はない。どんなパラメーターがあるかを宣言するだけでいいのだ。パラメーターの宣言は、スクリプトの先頭部分（関数の場合は関数の先頭部分）で Param ブロックとして定義する。たとえば、複数のリモートマシンの名前をパラメーターとして取得したいなら、次のように宣言する。

```
Param (
    [String[]] $ComputerName
)
```

この場合のスクリプトを実行する時のパラメーターの指定の仕方は、-ComputerName @("machine1","machine2") という具合になる。データ型にパラメーター名でパラメーターを宣言でき、パラメーターに指定した値はパラメーター名をそのまま変数名として格納される。従来は、パラメーターのデータ型が合っているかどうかを確認するコードを、プログラマーが書かなければならなかったのに比べるとなんと単純になったことだろう。PowerShell では、値の正当性検査も Param ブロックで記述できる。指定する場合は過去日時で、指定がない場合は現在日時を設定するパラメーターを宣言するなら、以下のようにする。

第4章　スクリプトの基本形

```
Param (
    [DateTime][ValidateScript({$_ -lt (get-date)})]$date = (get-date)
)
```

データ型には PowerShell が認識しているクラスを指定することもできる。

```
Param (
    [PSCredential] $Credential
)
```

厳密には、上の PSCredential は略称である。事前に必要とするデータ型のオブジェクトを変数にしておけば、以下のようにしてデータ型の正式名称を得ることができる。

```
PS C:¥WINDOWS¥system32> $a.gettype().FullName
System.Management.Automation.PSCredential
```

このクラス名を、String や uint といった基本データ型と同様に使用することができる。PowerShell のパラメーターのデータ型指定では、パラメーターだけの特殊な指定がある。

```
Param (
    [Switch] $Test
)
```

データ型の代わりに [Switch] を指定すると、たとえば上のようにした場合、スクリプトに -Test と付ける時に $Test が $True に設定される。

　PowerShell のパラメーターに関してはまだまだいろいろあるが、この本の趣旨ではないので、詳細は Get-Help about_Functions_Advanced_Parameters または TechNet ライブラリなどで確認しよう。

160

## 4.3
# WMI を使う方法

VBScript から WMI を使用する場合は、

```
Set objWMIService = GetObject("winmgmts:\\.\root\cimv2")
```

などとして、いきなり WMI サービスのオブジェクトを取得する場合も多いけれど、ネット
ワーク上の他のマシンの WMI を操作するならば、各々のマシンごとに WMI サービスのオ
ブジェクトを取得する必要がある。事前にコンピューター名を変数にセットして、

```
Set objWMIService = GetObject("winmgmts:\\" & strComputer & "\root\cimv2")
```

とするのが定番だ。これで得られた objWMIService は WMI の名前空間を示している。
WMI オブジェクトを取得するには WQL を使用する。WQL は WMI 用の SQL もどきのこと
である。

```
Set colNetAdapters = objWMIService.ExecQuery( _
    "Select * from Win32_NetworkAdapterConfiguration Where IPEnabled=True")
```

取得したオブジェクトから情報を得るためには、事前にどんなプロパティがあるかを知って
いなければならない。Win32_NetworkAdapterConfiguration のすべてのプロパティを表
示したい場合は、次のようになる。

```
For each objAdapterConfig in colNetAdapters
  Wscript.Echo "ArpAlwaysSourceRoute: " & objAdapterConfig.ArpAlwaysSourceRoute
  Wscript.Echo "ArpUseEtherSNAP : " & objAdapterConfig.ArpUseEtherSNAP
  Wscript.Echo "Caption: " & objAdapterConfig.Caption
  Wscript.Echo "DatabasePath: " & objAdapterConfig.DatabasePath
  Wscript.Echo "DeadGWDetectEnabled: " & objAdapterConfig.DeadGWDetectEnabled
  Wscript.Echo "DefaultIPGateway: " & objAdapterConfig.DefaultIPGateway
  Wscript.Echo "DefaultTOS: " & objAdapterConfig.DefaultTOS
  Wscript.Echo "DefaultTTL: " & objAdapterConfig.DefaultTTL
  Wscript.Echo "Description: " & objAdapterConfig.Description
```

```
Wscript.Echo "DHCPEnabled: " & objAdapterConfig.DHCPEnabled
Wscript.Echo "DHCPLeaseExpires : " & objAdapterConfig.DHCPLeaseExpires
Wscript.Echo "DHCPLeaseObtained: " & objAdapterConfig.DHCPLeaseObtained
Wscript.Echo "DHCPServer: " & objAdapterConfig.DHCPServer
Wscript.Echo "DNSDomain: " & objAdapterConfig.DNSDomain
Wscript.Echo "DNSDomainSuffixSearchOrder: " & _
             objAdapterConfig.DNSDomainSuffixSearchOrder
Wscript.Echo "DNSEnabledForWINSResolution: " & _
             objAdapterConfig.DNSEnabledForWINSResolution
Wscript.Echo "DNSHostName: " & objAdapterConfig.DNSHostName
Wscript.Echo "DNSServerSearchOrder: " & objAdapterConfig.DNSServerSearchOrder
Wscript.Echo "DomainDNSRegistrationEnabled: " & _
             objAdapterConfig.DomainDNSRegistrationEnabled
Wscript.Echo "ForwardBufferMemory: " & objAdapterConfig.ForwardBufferMemory
Wscript.Echo "FullDNSRegistrationEnabled: " & _
             objAdapterConfig.FullDNSRegistrationEnabled
Wscript.Echo "GatewayCostMetric: " & objAdapterConfig.GatewayCostMetric
Wscript.Echo "IGMPLevel: " & objAdapterConfig.IGMPLevel
Wscript.Echo "Index: " & objAdapterConfig.Index
Wscript.Echo "InterfaceIndex: " & objAdapterConfig.InterfaceIndex
Wscript.Echo "IPAddress: " & objAdapterConfig.IPAddress
Wscript.Echo "IPConnectionMetric: " & objAdapterConfig.IPConnectionMetric
Wscript.Echo "IPEnabled: " & objAdapterConfig.IPEnabled
Wscript.Echo "IPFilterSecurityEnabled: " & objAdapterConfig.IPFilterSecurityEnabled
Wscript.Echo "IPPortSecurityEnabled: " & objAdapterConfig.IPPortSecurityEnabled
Wscript.Echo "IPSecPermitIPProtocols: " & objAdapterConfig.IPSecPermitIPProtocols
Wscript.Echo "IPSecPermitTCPPorts: " & objAdapterConfig.IPSecPermitTCPPorts
Wscript.Echo "IPSecPermitUDPPorts: " & objAdapterConfig.IPSecPermitUDPPorts
Wscript.Echo "IPSubnet: " & objAdapterConfig.IPSubnet
Wscript.Echo "IPUseZeroBroadcast: " & objAdapterConfig.IPUseZeroBroadcast
Wscript.Echo "IPXAddress: " & objAdapterConfig.IPXAddress
Wscript.Echo "IPXEnabled: " & objAdapterConfig.IPXEnabled
Wscript.Echo "IPXFrameType: " & objAdapterConfig.IPXFrameType
Wscript.Echo "IPXMediaType: " & objAdapterConfig.IPXMediaType
Wscript.Echo "IPXNetworkNumber: " & objAdapterConfig.IPXNetworkNumber
Wscript.Echo "IPXVirtualNetNumber: " & objAdapterConfig.IPXVirtualNetNumber
Wscript.Echo "KeepAliveInterval: " & objAdapterConfig.KeepAliveInterval
Wscript.Echo "KeepAliveTime: " & objAdapterConfig.KeepAliveTime
Wscript.Echo "MACAddress: " & objAdapterConfig.MACAddress
Wscript.Echo "MTU: " & objAdapterConfig.MTU
Wscript.Echo "NumForwardPackets: " & objAdapterConfig.NumForwardPackets
```

4.3 WMI を使う方法

```
Wscript.Echo "PMTUBHDetectEnabled: " & objAdapterConfig.PMTUBHDetectEnabled
Wscript.Echo "PMTUDiscoveryEnabled: " & objAdapterConfig.PMTUDiscoveryEnabled
Wscript.Echo "ServiceName: " & objAdapterConfig.ServiceName
Wscript.Echo "SettingID: " & objAdapterConfig.SettingID
Wscript.Echo "TcpipNetbiosOptions: " & objAdapterConfig.TcpipNetbiosOptions
Wscript.Echo "TcpMaxConnectRetransmissions: " & _
             objAdapterConfig.TcpMaxConnectRetransmissions
Wscript.Echo "TcpMaxDataRetransmissions: " & _
             objAdapterConfig.TcpMaxDataRetransmissions
Wscript.Echo "TcpNumConnections: " & objAdapterConfig.TcpNumConnections
Wscript.Echo "TcpUseRFC1122UrgentPointer: " & _
             objAdapterConfig.TcpUseRFC1122UrgentPointer
Wscript.Echo "TcpWindowSize: " & objAdapterConfig.TcpWindowSize
Wscript.Echo "WINSEnableLMHostsLookup: " & objAdapterConfig.WINSEnableLMHostsLookup
Wscript.Echo "WINSHostLookupFile: " & objAdapterConfig.WINSHostLookupFile
Wscript.Echo "WINSPrimaryServer: " & objAdapterConfig.WINSPrimaryServer
Wscript.Echo "WINSScopeID: " & objAdapterConfig.WINSScopeID
Wscript.Echo "WINSSecondaryServer: " & objAdapterConfig.WINSSecondaryServer
Next
```

そして、これをファイル test.vbs にして実行すると、

```
PS C:¥WINDOWS¥system32> cscript test.vbs
Microsoft (R) Windows Script Host Version 5.812
Copyright (C) Microsoft Corporation. All rights reserved.

ArpAlwaysSourceRoute:
ArpUseEtherSNAP :
Caption: [00000001] VMware Virtual Ethernet Adapter for VMnet1
DatabasePath: %SystemRoot%¥System32¥drivers¥etc
DeadGWDetectEnabled:
DefaultIPGateway:
DefaultTOS:
DefaultTTL:
Description: VMware Virtual Ethernet Adapter for VMnet1
DHCPEnabled: False
DHCPLeaseExpires :
DHCPLeaseObtained:
DHCPServer:
DNSDomain:
```

第4章　スクリプトの基本形

---

C:¥Users¥Trick¥My Documents¥test.vbs(18, 2) Microsoft VBScript 実行時エラー: 型が一致しません。

---

となる。そうそう、プロパティ DNSDomainSuffixSearchOrder は配列なので、Wscript.Echo では表示できない。値がない場合は NULL で、ある場合は配列というプロパティもあるので、ちゃんと表示させようとすればスクリプトは肥大する。

```vbscript
Set objWMIService = GetObject("winmgmts:¥¥.¥root¥cimv2")
Set colNetAdapters = objWMIService.ExecQuery( _
     "Select * from Win32_NetworkAdapterConfiguration Where IPEnabled=True")
For each objAdapterConfig in colNetAdapters
  Wscript.Echo vbCRLF & "Adapter : " & objAdapterConfig.Caption
  If Not IsNull(objAdapterConfig.ArpAlwaysSourceRoute)      Then _
    Wscript.Echo "ArpAlwaysSourceRoute: " & objAdapterConfig.ArpAlwaysSourceRoute
  If Not IsNull(objAdapterConfig.ArpUseEtherSNAP)           Then _
    Wscript.Echo "ArpUseEtherSNAP: " & objAdapterConfig.ArpUseEtherSNAP
  If Not IsNull(objAdapterConfig.DatabasePath)              Then _
    Wscript.Echo "DatabasePath: " & objAdapterConfig.DatabasePath
  If Not IsNull(objAdapterConfig.DeadGWDetectEnabled)       Then _
    Wscript.Echo "DeadGWDetectEnabled: " & objAdapterConfig.DeadGWDetectEnabled
  If Not IsNull(objAdapterConfig.DefaultIPGateway)          Then _
    Wscript.Echo "DefaultIPGateway: " & Join(objAdapterConfig.DefaultIPGateway,",")
  If Not IsNull(objAdapterConfig.DefaultTOS)                Then _
    Wscript.Echo "DefaultTOS: " & objAdapterConfig.DefaultTOS
  If Not IsNull(objAdapterConfig.DefaultTTL)                Then _
    Wscript.Echo "DefaultTTL: " & objAdapterConfig.DefaultTTL
  If Not IsNull(objAdapterConfig.Description)               Then _
    Wscript.Echo "Description: " & objAdapterConfig.Description
  If Not IsNull(objAdapterConfig.DHCPEnabled)               Then _
    Wscript.Echo "DHCPEnabled: " & objAdapterConfig.DHCPEnabled
  If Not IsNull(objAdapterConfig.DHCPLeaseExpires)          Then _
    Wscript.Echo "DHCPLeaseExpires : " & objAdapterConfig.DHCPLeaseExpires
  If Not IsNull(objAdapterConfig.DHCPLeaseObtained)         Then _
    Wscript.Echo "DHCPLeaseObtained: " & objAdapterConfig.DHCPLeaseObtained
  If Not IsNull(objAdapterConfig.DHCPServer)                Then _
    Wscript.Echo "DHCPServer: " & objAdapterConfig.DHCPServer
  If Not IsNull(objAdapterConfig.DNSDomain)                 Then _
    Wscript.Echo "DNSDomain: " & objAdapterConfig.DNSDomain
```

```
If Not IsNull(objAdapterConfig.DNSDomainSuffixSearchOrder)   Then _
  Wscript.Echo "DNSDomainSuffixSearchOrder: " & _
      Join(objAdapterConfig.DNSDomainSuffixSearchOrder,",")
If Not IsNull(objAdapterConfig.DNSEnabledForWINSResolution)   Then _
  Wscript.Echo "DNSEnabledForWINSResolution: " & _
      objAdapterConfig.DNSEnabledForWINSResolution
If Not IsNull(objAdapterConfig.DNSHostName)                 Then _
  Wscript.Echo "DNSHostName: " & objAdapterConfig.DNSHostName
If Not IsNull(objAdapterConfig.DNSServerSearchOrder)        Then _
  Wscript.Echo "DNSServerSearchOrder: " & _
      Join(objAdapterConfig.DNSServerSearchOrder,",")
If Not IsNull(objAdapterConfig.DomainDNSRegistrationEnabled) Then _
  Wscript.Echo "DomainDNSRegistrationEnabled: " & _
      objAdapterConfig.DomainDNSRegistrationEnabled
If Not IsNull(objAdapterConfig.ForwardBufferMemory)         Then _
  Wscript.Echo "ForwardBufferMemory: " & objAdapterConfig.ForwardBufferMemory
If Not IsNull(objAdapterConfig.FullDNSRegistrationEnabled)   Then _
  Wscript.Echo "FullDNSRegistrationEnabled: " & _
      objAdapterConfig.FullDNSRegistrationEnabled
If Not IsNull(objAdapterConfig.GatewayCostMetric)           Then _
  Wscript.Echo "GatewayCostMetric: " & Join(objAdapterConfig.GatewayCostMetric,",")
If Not IsNull(objAdapterConfig.IGMPLevel)                   Then _
  Wscript.Echo "IGMPLevel: " & objAdapterConfig.IGMPLevel
If Not IsNull(objAdapterConfig.Index)                       Then _
  Wscript.Echo "Index: " & objAdapterConfig.Index
If Not IsNull(objAdapterConfig.InterfaceIndex)              Then _
  Wscript.Echo "InterfaceIndex: " & objAdapterConfig.InterfaceIndex
If Not IsNull(objAdapterConfig.IPAddress)                   Then _
  Wscript.Echo "IPAddress: " & Join(objAdapterConfig.IPAddress,",")
If Not IsNull(objAdapterConfig.IPConnectionMetric)          Then _
  Wscript.Echo "IPConnectionMetric: " & objAdapterConfig.IPConnectionMetric
If Not IsNull(objAdapterConfig.IPEnabled)                   Then _
  Wscript.Echo "IPEnabled: " & objAdapterConfig.IPEnabled
If Not IsNull(objAdapterConfig.IPFilterSecurityEnabled)     Then _
  Wscript.Echo "IPFilterSecurityEnabled: " & _
      objAdapterConfig.IPFilterSecurityEnabled
If Not IsNull(objAdapterConfig.IPPortSecurityEnabled)       Then _
  Wscript.Echo "IPPortSecurityEnabled: " & objAdapterConfig.IPPortSecurityEnabled
If Not IsNull(objAdapterConfig.IPSecPermitIPProtocols)      Then _
  Wscript.Echo "IPSecPermitIPProtocols: " & _
      Join(objAdapterConfig.IPSecPermitIPProtocols,",")
```

## 第 4 章　スクリプトの基本形

```
If Not IsNull(objAdapterConfig.IPSecPermitTCPPorts)         Then _
  Wscript.Echo "IPSecPermitTCPPorts: " & _
      Join(objAdapterConfig.IPSecPermitTCPPorts,",")
If Not IsNull(objAdapterConfig.IPSecPermitUDPPorts)         Then _
  Wscript.Echo "IPSecPermitUDPPorts: " & _
      Join(objAdapterConfig.IPSecPermitUDPPorts,",")
If Not IsNull(objAdapterConfig.IPSubnet)                    Then _
  Wscript.Echo "IPSubnet: " & Join(objAdapterConfig.IPSubnet,",")
If Not IsNull(objAdapterConfig.IPUseZeroBroadcast)          Then _
  Wscript.Echo "IPUseZeroBroadcast: " & objAdapterConfig.IPUseZeroBroadcast
If Not IsNull(objAdapterConfig.IPXAddress)                  Then _
  Wscript.Echo "IPXAddress: " & objAdapterConfig.IPXAddress
If Not IsNull(objAdapterConfig.IPXEnabled)                  Then _
  Wscript.Echo "IPXEnabled: " & objAdapterConfig.IPXEnabled
If Not IsNull(objAdapterConfig.IPXFrameType)                Then _
  Wscript.Echo "IPXFrameType: " & Join(objAdapterConfig.IPXFrameType,",")
If Not IsNull(objAdapterConfig.IPXMediaType)                Then _
  Wscript.Echo "IPXMediaType: " & objAdapterConfig.IPXMediaType
If Not IsNull(objAdapterConfig.IPXNetworkNumber)            Then _
  Wscript.Echo "IPXNetworkNumber: " & Join(objAdapterConfig.IPXNetworkNumber,",")
If Not IsNull(objAdapterConfig.IPXVirtualNetNumber)         Then _
  Wscript.Echo "IPXVirtualNetNumber: " & objAdapterConfig.IPXVirtualNetNumber
If Not IsNull(objAdapterConfig.KeepAliveInterval)           Then _
  Wscript.Echo "KeepAliveInterval: " & objAdapterConfig.KeepAliveInterval
If Not IsNull(objAdapterConfig.KeepAliveTime)               Then _
  Wscript.Echo "KeepAliveTime: " & objAdapterConfig.KeepAliveTime
If Not IsNull(objAdapterConfig.MACAddress)                  Then _
  Wscript.Echo "MACAddress: " & objAdapterConfig.MACAddress
If Not IsNull(objAdapterConfig.MTU)                         Then _
  Wscript.Echo "MTU: " & objAdapterConfig.MTU
If Not IsNull(objAdapterConfig.NumForwardPackets)           Then _
  Wscript.Echo "NumForwardPackets: " & objAdapterConfig.NumForwardPackets
If Not IsNull(objAdapterConfig.PMTUBHDetectEnabled)         Then _
  Wscript.Echo "PMTUBHDetectEnabled: " & objAdapterConfig.PMTUBHDetectEnabled
If Not IsNull(objAdapterConfig.PMTUDiscoveryEnabled)        Then _
  Wscript.Echo "PMTUDiscoveryEnabled: " & objAdapterConfig.PMTUDiscoveryEnabled
If Not IsNull(objAdapterConfig.ServiceName)                 Then _
  Wscript.Echo "ServiceName: " & objAdapterConfig.ServiceName
If Not IsNull(objAdapterConfig.SettingID)                   Then _
  Wscript.Echo "SettingID: " & objAdapterConfig.SettingID
If Not IsNull(objAdapterConfig.TcpipNetbiosOptions)         Then _
```

```
      Wscript.Echo "TcpipNetbiosOptions: " & objAdapterConfig.TcpipNetbiosOptions
  If Not IsNull(objAdapterConfig.TcpMaxConnectRetransmissions) Then _
      Wscript.Echo "TcpMaxConnectRetransmissions: " & _
          objAdapterConfig.TcpMaxConnectRetransmissions
  If Not IsNull(objAdapterConfig.TcpMaxDataRetransmissions)    Then _
      Wscript.Echo "TcpMaxDataRetransmissions: " & _
          objAdapterConfig.TcpMaxDataRetransmissions
  If Not IsNull(objAdapterConfig.TcpNumConnections)            Then _
      Wscript.Echo "TcpNumConnections: " & objAdapterConfig.TcpNumConnections
  If Not IsNull(objAdapterConfig.TcpUseRFC1122UrgentPointer)    Then _
      Wscript.Echo "TcpUseRFC1122UrgentPointer: " & _
          objAdapterConfig.TcpUseRFC1122UrgentPointer
  If Not IsNull(objAdapterConfig.TcpWindowSize)                 Then _
      Wscript.Echo "TcpWindowSize: " & objAdapterConfig.TcpWindowSize
  If Not IsNull(objAdapterConfig.WINSEnableLMHostsLookup)       Then _
      Wscript.Echo "WINSEnableLMHostsLookup: " & _
          objAdapterConfig.WINSEnableLMHostsLookup
  If Not IsNull(objAdapterConfig.WINSHostLookupFile)            Then _
      Wscript.Echo "WINSHostLookupFile: " & objAdapterConfig.WINSHostLookupFile
  If Not IsNull(objAdapterConfig.WINSPrimaryServer)             Then _
      Wscript.Echo "WINSPrimaryServer: " & objAdapterConfig.WINSPrimaryServer
  If Not IsNull(objAdapterConfig.WINSScopeID)                   Then _
      Wscript.Echo "WINSScopeID: " & objAdapterConfig.WINSScopeID
  If Not IsNull(objAdapterConfig.WINSSecondaryServer)           Then _
      Wscript.Echo "WINSSecondaryServer: " & objAdapterConfig.WINSSecondaryServer
Next
```

これはなかなかやってられない。可読性が悪いどころかばかばかしいにもほどがある。この
VBScript と同じことが PowerShell では一行でできてしまう。

```
PS C:¥WINDOWS¥system32> Get-WmiObject Win32_NetworkAdapterConfiguration -Filter "IPEn
abled=True" | Format-List *
```

実際には余計なプロパティまで表示されるので、もう少し凝ってみてもいいかもしれない。

第4章　スクリプトの基本形

```
PS C:¥WINDOWS¥system32> Get-WmiObject Win32_NetworkAdapterConfiguration -Filter "IPEn
abled=True" | ForEach-Object { "`n" + $_.Caption ; $_.Properties | ForEach-Object { I
f ($_.Value -ne $null) { " " + $_.Name + ": " + $_.Value } } }
```

配列が空白区切りの一覧になってしまいはするが、あっさり解決。事前にプロパティの名前を知っておく必要もない。ForEach-Object を何度もいれるのは面倒なので、フィルターを用意すると便利である。

```
Filter Show-ObjectProperties {
   "" ; $_.Properties | ForEach-Object {
     If ($_.Value -ne $null) {
       If($_.IsArray) {
         If ($_.Type -eq "String") {
           $_.Name + ': {"' + ( $_.Value -Join '","' ) + '"}'
         } Else {
           $_.Name + ': {' + ( $_.Value -Join ',' ) + '}'
         }
       } ElseIf ($_.Type -eq "DateTime") {
         $_.Name + ': ' + "{0:u}" -f
             ([Management.ManagementDateTimeConverter]::ToDateTime($_.Value))
       } Else {
         $_.Name + ': ' + $_.Value
       }
     }
   }
}
```

　Filter は、パイプやリダイレクトされたオブジェクトを処理して出力するなり、さらにリダイレクトするなりする Function の特殊形態とみることもできるが、ひとつだけ大きく異なる点がある。Filter 以外のリダイレクトでは、オブジェクトはすべてそろってから渡される。つまり、渡されるものはオブジェクト配列になる。Filter は形式上受け取るものはオブジェクト配列ではあるが、そのひとつひとつのオブジェクトを受け取り、ひとつずつ処理していく。パイプライン全体の実行時間は変わらなくても、大きなオブジェクト群を扱う場合は、途中で待たない分だけ速い気分になれる。

## 4.4

# WMI による変更

　WMI を使用して情報を得る方法は一貫しているが、変更する方法は WMI を提供しているプロバイダーと呼ばれるプログラムによってむらがある。Get-WmiObject で取得したオブジェクトのプロパティに直接値を代入して変更できるものもあるし、その後でそのオブジェクトを Set-WmiInstance に入れないと実態に反映できないものもあるし、そもそも変更はメソッドを通してするしかないものもある。

　MSDN や TechNet で調べてもはっきり書いていない場合も多く見受けられ、実際に試してみるまでわからないケースが多い。変更用のメソッドがある場合は、変更はメソッドによってしか行えないことが多い。たとえば、次のようなファイル共有があるとする。

```
PS C:¥WINDOWS¥system32> Get-WmiObject Win32_Share -Filter 'Name="video"'

Name  Path    Description
----  ----    -----------
video D:¥video
```

Description を変更しようとして直接プロパティに値を入れてみると、

```
PS C:¥WINDOWS¥system32> (Get-WmiObject Win32_Share -Filter 'Name="video"').Description = "VIDEO FILES"
PS C:¥WINDOWS¥system32> Get-WmiObject Win32_Share -Filter 'Name="video"'

Name  Path    Description
----  ----    -----------
video D:¥video
```

一見成功しているように見えて、変更は反映されていない。これは、オブジェクトをいった

169

第4章　スクリプトの基本形

ん変数に入れて操作しても変わらない。変数の中身は変更されるが、実際の共有設定には反
映されない。

```
PS C:¥WINDOWS¥system32> $share1 = Get-WmiObject Win32_Share -Filter 'Name="video"'
PS C:¥WINDOWS¥system32> $share1

Name  Path    Description
----  ----    -----------
video D:¥video


PS C:¥WINDOWS¥system32> $share1.Description

PS C:¥WINDOWS¥system32> $share1.Description = "VIDEO FILES"
PS C:¥WINDOWS¥system32> $share1

Name  Path    Description
----  ----    -----------
video D:¥video VIDEO FILES


PS C:¥WINDOWS¥system32> Get-WmiObject Win32_Share -Filter 'Name="video"'

Name  Path    Description
----  ----    -----------
video D:¥video
```

プロパティが書き込み可能なら Set-WmiInstance を使うと変更できるのだが、Win32_
Share の場合それはうまく動かない。

```
PS C:¥WINDOWS¥system32> Get-WmiObject Win32_Share -Filter 'Name="video"' | Set-WmiIns
tance -Arguments @{Description="VIDEO FILES"}
Set-WmiInstance : 実行しようとした操作はプロバイダーによってサポートされていません
発生場所 行:1 文字:52
+ ... me="video"' | Set-WmiInstance -Arguments @{Description="VIDEO FILES"}
+                   ~~~~~~~~~~~~~~~~~~~~~~~~~~~~~~~~~~~~~~~~~~~~~~~~~~~~~~
```

170

**4.4 WMIによる変更**

```
     + CategoryInfo          : InvalidOperation: (:) [Set-WmiInstance]、ManagementExcep
                               tion
     + FullyQualifiedErrorId : SetWMIManagementException,Microsoft.PowerShell.Commands.
                               SetWmiInstance
```

実は、Win32_Share メソッドを調べてみると、変更可能な情報がわかる。メソッドを調べ
たい時は次のようにする。

```
PS C:¥WINDOWS¥system32> Get-WmiObject Win32_Share -Filter 'Name="video"' | Get-Member
 | Where-Object {$_.MemberType -eq "Method"} | Format-List


TypeName   : System.Management.ManagementObject#root¥cimv2¥Win32_Share
Name       : Delete
MemberType : Method
Definition : System.Management.ManagementBaseObject Delete()


TypeName   : System.Management.ManagementObject#root¥cimv2¥Win32_Share
Name       : GetAccessMask
MemberType : Method
Definition : System.Management.ManagementBaseObject GetAccessMask()


TypeName   : System.Management.ManagementObject#root¥cimv2¥Win32_Share
Name       : SetShareInfo
MemberType : Method
Definition : System.Management.ManagementBaseObject SetShareInfo(System.UInt32 Maximu
             mAllowed, System.String Description, System.Management.ManagementObject#
             Win32_SecurityDescriptor Access)
```

どうやら、SetShareInfo メソッドで MaximumAllowed と Description と Access が変
更できるらしい。オブジェクトのすべてのプロパティを見てみると、

```
PS C:¥WINDOWS¥system32> Get-WmiObject Win32_Share -Filter 'Name="video"' | Format-Lis
t *
```

第4章 スクリプトの基本形

```
PSComputerName     : ALPHA
Status             : OK
Type               : 0
Name               : video
__GENUS            : 2
__CLASS            : Win32_Share
__SUPERCLASS       : CIM_LogicalElement
__DYNASTY          : CIM_ManagedSystemElement
__RELPATH          : Win32_Share.Name="video"
__PROPERTY_COUNT   : 10
__DERIVATION       : {CIM_LogicalElement, CIM_ManagedSystemElement}
__SERVER           : ALPHA
__NAMESPACE        : root¥cimv2
__PATH             : ¥¥ALPHA¥root¥cimv2:Win32_Share.Name="video"
AccessMask         :
AllowMaximum       : True
Caption            : video
Description        :
InstallDate        :
MaximumAllowed     :
Path               : D:¥video
Scope              : System.Management.ManagementScope
Options            : System.Management.ObjectGetOptions
ClassPath          : ¥¥ALPHA¥root¥cimv2:Win32_Share
Properties         : {AccessMask, AllowMaximum, Caption, Description...}
SystemProperties   : {__GENUS, __CLASS, __SUPERCLASS, __DYNASTY...}
Qualifiers         : {dynamic, Locale, provider, UUID}
Site               :
Container          :
```

となっているので、MaximumAllowed と Description はどうやら同名のプロパティと対応
しているようだ。Access についてはここまで得た情報ではよくわからないが、一般的な手
順として、この手のメソッドで変更しないパラメーターには $Null を指定すればいい。つ
まり、ファイル共有の説明文を変更したければ、次のようにすればいいのだ。

172

```
PS C:¥WINDOWS¥system32> (Get-WmiObject Win32_Share -Filter 'Name="video"').SetShareIn
fo($Null,"VIDEO FILES",$Null)


__GENUS          : 2
__CLASS          : __PARAMETERS
__SUPERCLASS     :
__DYNASTY        : __PARAMETERS
__RELPATH        :
__PROPERTY_COUNT : 1
__DERIVATION     : {}
__SERVER         :
__NAMESPACE      :
__PATH           :
ReturnValue      : 0
PSComputerName   :



PS C:¥WINDOWS¥system32> Get-WmiObject Win32_Share -Filter 'Name="video"'

Name  Path    Description
----  ----    -----------
video D:¥video VIDEO FILES
```

GUI からも確認してみよう。

**図4.1●詳細な共有**

　あるものを変更する方法の探り方はこれでいいとして、ないものを作る方法はこの方法では探せない。変更はすでにあるクラスのオブジェクト、つまりインスタンスを見て調べることができるが、ないものを調べることはできない。

　この場合はクラスそのものを調べる。

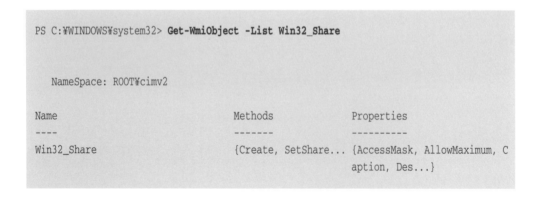

　こうしてみると、Methodsに何かいろいろありそうなのがわかる。もう少し詳しく見てみよう。

```
PS C:\WINDOWS\system32> (Get-WmiObject -List Win32_Share).Methods


Name          : Create
InParameters  : System.Management.ManagementBaseObject
OutParameters : System.Management.ManagementBaseObject
Origin        : Win32_Share
Qualifiers    : {Constructor, Implemented, MappingStrings, Static}


Name          : SetShareInfo
InParameters  : System.Management.ManagementBaseObject
OutParameters : System.Management.ManagementBaseObject
Origin        : Win32_Share
Qualifiers    : {Implemented, MappingStrings}


Name          : GetAccessMask
InParameters  :
OutParameters : System.Management.ManagementBaseObject
Origin        : Win32_Share
Qualifiers    : {Implemented, MappingStrings}


Name          : Delete
InParameters  :
OutParameters : System.Management.ManagementBaseObject
Origin        : Win32_Share
Qualifiers    : {Destructor, Implemented, MappingStrings}
```

Create の Qualifiers に Constructor が含まれている。これがインスタンスを作成するためのメソッドになる。ちなみに、Qualifiers に Destructor が含まれている場合は、インスタンスを削除するためのメソッドだ。Win32_Share の場合なら、コンストラクターは共有を作成するものであるはずだし、デストラクターは共有をやめるものであるはずだ。と、そこまではわかるとして、肝心のメソッドのパラメーターや戻り値の情報がわからない。InParameters や OutParameters の内容が問題になると思われるので表示させてみると、ちょっと間を置いてから次のような表示が出力される。

第 4 章　スクリプトの基本形

```
PS C:\WINDOWS\system32> (Get-WmiObject -List Win32_Share).Methods | ForEach-Object {
$_.Name; $_.InParameters.Properties; $_.OutParameters.Properties }
Create


Name       : Access
Value      :
Type       : Object
IsLocal    : True
IsArray    : False
Origin     : __PARAMETERS
Qualifiers : {CIMTYPE, ID, In, MappingStrings...}


Name       : Description
Value      :
Type       : String
IsLocal    : True
IsArray    : False
Origin     : __PARAMETERS
Qualifiers : {CIMTYPE, ID, In, MappingStrings...}


Name       : MaximumAllowed
Value      :
Type       : UInt32
IsLocal    : True
IsArray    : False
Origin     : __PARAMETERS
Qualifiers : {CIMTYPE, ID, In, MappingStrings...}


Name       : Name
Value      :
Type       : String
IsLocal    : True
IsArray    : False
Origin     : __PARAMETERS
Qualifiers : {CIMTYPE, ID, In, MappingStrings}


Name       : Password
Value      :
Type       : String
```

176

```
IsLocal    : True
IsArray    : False
Origin     : __PARAMETERS
Qualifiers : {CIMTYPE, ID, In, MappingStrings...}

Name       : Path
Value      :
Type       : String
IsLocal    : True
IsArray    : False
Origin     : __PARAMETERS
Qualifiers : {CIMTYPE, ID, In, MappingStrings}

Name       : Type
Value      :
Type       : UInt32
IsLocal    : True
IsArray    : False
Origin     : __PARAMETERS
Qualifiers : {CIMTYPE, ID, In, MappingStrings}

Name       : ReturnValue
Value      :
Type       : UInt32
IsLocal    : True
IsArray    : False
Origin     : __PARAMETERS
Qualifiers : {CIMTYPE, out}

…… (以下略) ……
```

Create にはパラメーターがいっぱいあるらしいことはわかったが、どうすればいいのかは皆目見当がつかない。それを知りたければ、Qualifiers の中身をさらに調べていかなければならない。

```
PS C:¥WINDOWS¥system32> (Get-WmiObject -List Win32_Share).Methods | ForEach-Object {
$_.Name; $_.InParameters.Properties | ForEach-Object {If ($_ -ne $Null) {"["+$_.Type+
```

第4章　スクリプトの基本形

```
(&{if ($_.IsArray) {"[] "}})+"]"+$_.Name ; $_.Qualifiers | foreach-Object { "   "+$_.N
ame+"="+$_.Value } } }; $_.OutParameters.Properties | ForEach-Object {If ($_ -ne $Nul
l) {"["+$_.Type+(&{if ($_.IsArray) {"[] "}})+"]"+$_.Name ; $_.Qualifiers | foreach-Ob
ject { "   "+$_.Name+"="+$_.Value } } } }
Create
[Object]Access
  CIMTYPE=object:Win32_SecurityDescriptor
  ID=6
  In=True
  MappingStrings=WMI|Win32_SecurityDescriptor
  Optional=True
[String]Description
  CIMTYPE=string
  ID=4
  In=True
  MappingStrings=Win32API|Network Management Structures|SHARE_INFO_1|shi1_remark
  Optional=True
[UInt32]MaximumAllowed
  CIMTYPE=uint32
  ID=3
  In=True
  MappingStrings=Win32API|Network Management Structures|SHARE_INFO_502|shi502_max_uses
  Optional=True
[String]Name
  CIMTYPE=string
  ID=1
  In=True
  MappingStrings=Win32API|Network Management Structures|SHARE_INFO_1|shi1_netname
[String]Password
  CIMTYPE=string
  ID=5
  In=True
  MappingStrings=Win32API|Network Management Structures|SHARE_INFO_502|shi502_passwd
  Optional=True
[String]Path
  CIMTYPE=string
  ID=0
  In=True
  MappingStrings=Win32API|Network Management Structures|SHARE_INFO_502|shi502_path
[UInt32]Type
  CIMTYPE=uint32
```

178

```
   ID=2
   In=True
   MappingStrings=Win32API|Network Management Structures|SHARE_INFO_502|shi502_type
[UInt32]ReturnValue
   CIMTYPE=uint32
   out=True
SetShareInfo
[Object]Access
   CIMTYPE=object:Win32_SecurityDescriptor
   ID=2
   In=True
   MappingStrings=WMI|Win32_SecurityDescriptor
   Optional=True
[String]Description
   CIMTYPE=string
   ID=1
   In=True
   MappingStrings=Win32API|Network Management Structures|SHARE_INFO_1|shi1_remark
   Optional=True
[UInt32]MaximumAllowed
   CIMTYPE=uint32
   ID=0
   In=True
   MappingStrings=Win32API|Network Management Structures|SHARE_INFO_502|shi502_max_uses
   Optional=True
[UInt32]ReturnValue
   CIMTYPE=uint32
   out=True
GetAccessMask
[UInt32]ReturnValue
   CIMTYPE=uint32
   out=True
Delete
[UInt32]ReturnValue
   CIMTYPE=uint32
   out=True
```

InParameters は入力パラメーターで、OutParameters は出力パラメーターだ。ただし、
メソッドを呼び出す時に与えるパラメーターは、ID で示される数字の順番に指定する。ID

第4章　スクリプトの基本形

は一般的に 0 から始まるが、必ずしも 0 からでなければならないというわけではないし、ID
順に定義されているわけでもない。out=True でも ID が定義されていれば、呼び出しのかっ
この中に書き、それに対して値を返さなければならないので、参照型になる。ID が定義され
ていない out=True の項目はいわゆる戻り値になる。

　表示が前後しているのは見づらいので整理して表示するようにして、関数化してみよう。

```
Function Get-WmiMethodInfo
{
  Param(
    [String] $Namespace = "ROOT¥CIMV2",
    [parameter(Mandatory=$true,Position=0)]
    [String] $Class
  )
  Get-WmiObject -Namespace $Namespace -List |
  Where-Object { $_.Name -Like $Class } |
  ForEach-Object {
    "CLASS = "+$_.Name
    $_.Methods |
    ForEach-Object {
      " METHOD = "+$_.Name
      $_.Qualifiers | foreach-Object { "  "+$_.Name+"="+$_.Value }
      $params = ($_.InParameters.Properties) + ($_.OutParameters.Properties)
      $params | ForEach-Object {
        $xid=$null
        $xio=" "
        $xop=""
        $_.Qualifiers | ForEach-Object {
          If ($_.Name -ne "CIMTYPE") {
            If ($_.Name -eq "ID") {$xid=$_.Value}
            ElseIf ($_.Value -eq $True) {$xio+=$_.Name+" "}
            else { $xop+=" "+$_.Name+"="+($_.Value)}
          }
        }
        If ($_.Name -ne $Null )
          {"`t"+$xid+$xio+"["+$_.Type+(&{if ($_.IsArray) {"[]"}})+"] "+$_.Name+
          (&{if ($_.Value -ne $null) {" = "+$_.Value}})+" #"+$xop}
      } | Sort
    }
  }
}
```

180

この関数は、WMI クラスを指定すると、そのメソッドを一覧表示してくれる。

```
PS C:¥WINDOWS¥system32> Get-WmiMethodInfo Win32_Share
CLASS = Win32_Share
 METHOD = Create
  Constructor=True
  Implemented=True
  MappingStrings=Win32API|Network Management Functions|NetShareAdd
  Static=True
        out [UInt32] ReturnValue #
        0 In [String] Path # MappingStrings=Win32API|Network Management Structures|SH
ARE_INFO_502|shi502_path
        1 In [String] Name # MappingStrings=Win32API|Network Management Structures|SH
ARE_INFO_1|shi1_netname
        2 In [UInt32] Type # MappingStrings=Win32API|Network Management Structures|SH
ARE_INFO_502|shi502_type
        3 In Optional [UInt32] MaximumAllowed # MappingStrings=Win32API|Network Manag
ement Structures|SHARE_INFO_502|shi502_max_uses
        4 In Optional [String] Description # MappingStrings=Win32API|Network Manageme
nt Structures|SHARE_INFO_1|shi1_remark
        5 In Optional [String] Password # MappingStrings=Win32API|Network Management
Structures|SHARE_INFO_502|shi502_passwd
        6 In Optional [Object] Access # MappingStrings=WMI|Win32_SecurityDescriptor
 METHOD = SetShareInfo
  Implemented=True
  MappingStrings=Win32API|Network Management Functions|NetShareSetInfo
        out [UInt32] ReturnValue #
        0 In Optional [UInt32] MaximumAllowed # MappingStrings=Win32API|Network Manag
ement Structures|SHARE_INFO_502|shi502_max_uses
        1 In Optional [String] Description # MappingStrings=Win32API|Network Manageme
nt Structures|SHARE_INFO_1|shi1_remark
        2 In Optional [Object] Access # MappingStrings=WMI|Win32_SecurityDescriptor
 METHOD = GetAccessMask
  Implemented=True
  MappingStrings=Win32API|Access Control Functions|GetEffectiveRightsFromAcl
        out [UInt32] ReturnValue #
 METHOD = Delete
  Destructor=True
  Implemented=True
```

```
        MappingStrings=Win32API|Network Management Functions|NetShareDel
               out [UInt32] ReturnValue #
```

WMI はクラスで構築されているので、それ自身がいかにできているかの情報を保持している。ついでなので、関数を拡張してプロパティの情報も取得してみよう。

```
Function Get-WmiClassInfo
{
  Param(
    [String] $Namespace = "ROOT¥CIMV2",
    [parameter(Mandatory=$true,Position=0)]
    [String] $Class
  )
  Get-WmiObject -Namespace $Namespace -List |
  Where-Object { $_.Name -Like $Class } |
  ForEach-Object {
    "CLASS = "+$_.Name
    $_.Methods |
    ForEach-Object {
      " METHOD = "+$_.Name
      $_.Qualifiers | foreach-Object {
        $xop=""
        If ($_.Value -eq $True) {"`t"+$_.Name}
        ElseIf ($_.Value -is [array]) {"`t"+$_.Name+"={"+($_.Value -Join ",")+"}"}
        else {"`t"+$_.Name+"="+($_.Value)}
      }
      $params = ($_.InParameters.Properties) + ($_.OutParameters.Properties)
      $params | ForEach-Object {
        $xid=""
        $xio=" "
        $xop=""
        $_.Qualifiers | ForEach-Object {
          If ($_.Name -ne "CIMTYPE") {
            If ($_.Name -eq "ID") {$xid=$_.Value}
            ElseIf ($_.Value -eq $True) {$xio+=$_.Name+" "}
            ElseIf ($_.Value -is [array])
                    {$xop+=" "+$_.Name+"={"+($_.Value -Join ",")+"}"}
            ElseIf ($_.Value -is [string]) {$xop+=" "+$_.Name+'="'+$_.Value+'"'}
            else { $xop+=" "+$_.Name+"="+($_.Value)}
```

182

## 4.4 WMIによる変更

```
          }
        }
      If ($_.Name -ne $Null ) {
              ("`t"+$xid+$xio+"["+$_.Type+&{if ($_.IsArray) {"[]"}})+"] "+$_.Name+
              (&{if ($_.Value -ne $null) {" = "+$_.Value}})+" #"+$xop}
    } | Sort
  }
  $_.Properties | ForEach-Object {
    If ($_.Name -ne $Null ) {
      " PROPERTY = ["+$_.Type+(&{if ($_.IsArray) {"[]"}})+"] "+$_.Name
      $_.Qualifiers | ForEach-Object {
        If ($_.Name -ne "CIMTYPE") {
          If ($_.Value -eq $True) {"`t"+$_.Name}
          ElseIf ($_.Value -is [array]) {"`t"+$_.Name+"={"+($_.Value -Join ",")+"}"}
          else {"`t"+$_.Name+"="+($_.Value)}
        }
      }
    }
  }
 }
}
```

この関数でWMIクラスをチェックしてみると、ものによっては非常に説明的な情報を含んでいることがわかる。

```
PS C:\windows\System32> Get-WmiClassInfo -Namespace "root\MicrosoftDNS" MicrosoftDNS_
Server
CLASS = MicrosoftDNS_Server
 METHOD = StartService
        Description=This method starts the DNS server.
        Implemented
         out [UInt32] ReturnValue #
 METHOD = StopService
        Description=This method stops the DNS server.
        Implemented
         out [UInt32] ReturnValue #
 METHOD = StartScavenging
        Description=This method starts the scavenging of stale records in the zones s
ubjected to scavenging.
```

```
            Implemented
             out [UInt32] ReturnValue #
  METHOD = GetDistinguishedName
        Description=This method get DS distinguished Name for the zone.
        Implemented
         out [String] ReturnValue #
  PROPERTY = [UInt32] AddressAnswerLimit
        Description=Indicates the maximum number of host records returned in response
  to an address request. Values between 5 and 28 are valid.
        Not_NULL
        read
        write
  PROPERTY = [UInt32] AllowUpdate
        Description=This UInt32 indicates whether the DNS server accepts dynamic upda
  te requests.
        read
        Values={Do not allow dynamic updates,Allow unsecure dynamic updates,Allow onl
  y secure dynamic updates}
        write
  PROPERTY = [Boolean] AutoCacheUpdate
        Description=This Boolean indicates whether the DNS server attempts to update
  its cache entries using data from root servers. When a DNS server boots, it needs a l
  ist of root server 'hints' - NS and A records for the servers - historically called t
  he cache file. The Microsoft DNS server has a feature to allow it to attempt to write
   back a new cache file based on the responses from the root servers.
        read
        write
  PROPERTY = [UInt32] AutoConfigFileZones
        Description=This Uint32 indicates which standard primary zones authoritative
  for the name of the DNS server must be updated when the name of the server changes. T
  he default value of this property is 1.
        read
        Valuemap={0,1,2,3}
        Values={None,Only those that allow dynamic updates,Only those that do not all
  ow dynamic upda
  tes,All}
        write
  PROPERTY = [Boolean] BindSecondaries
        Description=This property determines the AXFR message format when sending to
  non-Microsoft DNS secondaries. If this property is TRUE, the server will send transfe
  rs to non-Microsoft DNS secondaries in the uncompressed format. If this property is F
```

```
ALSE, the server will send all transfers in the fast format.
        read
        write
…… (以下略) ……
```

Microsoft DNS の WMI クラスは、メソッドとプロパティそれぞれに英語ではあるが説明文が設定されている。このあたりは、WMI プロバイダーの実装の頑張り具合によってかなり差があるところはいかにも残念であるし、WMI クラス自体から情報が得られることによって従来のマニュアル的なドキュメントが整備されていないことも多いという問題もあるが、そこを補うかのように WMI のメソッド名やプロパティ名は説明的である。

WMI クラスのメソッドとプロパティは、上記の PowerShell 関数で調べられるが、WMI オブジェクトというかインスタンスにはそれ用のプロパティやメソッドがある。実際にオブジェクトを取得できるなら、それを調べるのは簡単だ。

```
PS C:¥WINDOWS¥system32> Get-WmiObject Win32_NetworkAdapter | Get-Member | Format-Tabl
e -AutoSize -Wrap


   TypeName: System.Management.ManagementObject#root¥cimv2¥Win32_NetworkAdapter

Name                 MemberType     Definition
----                 ----------     ----------
PSComputerName       AliasProperty  PSComputerName = __SERVER
Disable              Method         System.Management.ManagementBaseObject Disa
                                    ble()
Enable               Method         System.Management.ManagementBaseObject Enab
                                    le()
Reset                Method         System.Management.ManagementBaseObject Rese
                                    t()
SetPowerState        Method         System.Management.ManagementBaseObject SetP
                                    owerState(System.UInt16 PowerState, System.
                                    String Time)
AdapterType          Property       string AdapterType {get;set;}
AdapterTypeId        Property       uint16 AdapterTypeId {get;set;}
AutoSense            Property       bool AutoSense {get;set;}
Availability         Property       uint16 Availability {get;set;}
```

**第4章　スクリプトの基本形**

```
Caption                        Property    string Caption {get;set;}
ConfigManagerErrorCode         Property    uint32 ConfigManagerErrorCode {get;set;}
ConfigManagerUserConfig        Property    bool ConfigManagerUserConfig {get;set;}
CreationClassName              Property    string CreationClassName {get;set;}
Description                    Property    string Description {get;set;}
DeviceID                       Property    string DeviceID {get;set;}
ErrorCleared                   Property    bool ErrorCleared {get;set;}
ErrorDescription               Property    string ErrorDescription {get;set;}
GUID                           Property    string GUID {get;set;}
Index                          Property    uint32 Index {get;set;}
InstallDate                    Property    string InstallDate {get;set;}
Installed                      Property    bool Installed {get;set;}
InterfaceIndex                 Property    uint32 InterfaceIndex {get;set;}
LastErrorCode                  Property    uint32 LastErrorCode {get;set;}
MACAddress                     Property    string MACAddress {get;set;}
Manufacturer                   Property    string Manufacturer {get;set;}
MaxNumberControlled            Property    uint32 MaxNumberControlled {get;set;}
MaxSpeed                       Property    uint64 MaxSpeed {get;set;}
Name                           Property    string Name {get;set;}
NetConnectionID                Property    string NetConnectionID {get;set;}
NetConnectionStatus            Property    uint16 NetConnectionStatus {get;set;}
NetEnabled                     Property    bool NetEnabled {get;set;}
NetworkAddresses               Property    string[] NetworkAddresses {get;set;}
PermanentAddress               Property    string PermanentAddress {get;set;}
PhysicalAdapter                Property    bool PhysicalAdapter {get;set;}
PNPDeviceID                    Property    string PNPDeviceID {get;set;}
PowerManagementCapabilities    Property    uint16[] PowerManagementCapabilities {get;s
                                           et;}
PowerManagementSupported       Property    bool PowerManagementSupported {get;set;}
ProductName                    Property    string ProductName {get;set;}
ServiceName                    Property    string ServiceName {get;set;}
Speed                          Property    uint64 Speed {get;set;}
Status                         Property    string Status {get;set;}
StatusInfo                     Property    uint16 StatusInfo {get;set;}
SystemCreationClassName        Property    string SystemCreationClassName {get;set;}
SystemName                     Property    string SystemName {get;set;}
TimeOfLastReset                Property    string TimeOfLastReset {get;set;}
__CLASS                        Property    string __CLASS {get;set;}
__DERIVATION                   Property    string[] __DERIVATION {get;set;}
__DYNASTY                      Property    string __DYNASTY {get;set;}
__GENUS                        Property    int __GENUS {get;set;}
```

```
__NAMESPACE           Property      string __NAMESPACE {get;set;}
__PATH                Property      string __PATH {get;set;}
__PROPERTY_COUNT      Property      int __PROPERTY_COUNT {get;set;}
__RELPATH             Property      string __RELPATH {get;set;}
__SERVER              Property      string __SERVER {get;set;}
__SUPERCLASS          Property      string __SUPERCLASS {get;set;}
PSStatus              PropertySet   PSStatus {Availability, Name, Status, Statu
                                    sInfo, DeviceID}
ConvertFromDateTime   ScriptMethod  System.Object ConvertFromDateTime();
ConvertToDateTime     ScriptMethod  System.Object ConvertToDateTime();
```

Get-Member コマンドレットはオブジェクトのメンバーを一覧表示する。メソッドの戻り値の型とパラメーターのリストも表示される。Name が長すぎるとちゃんと表示できなかったりすることもあるので、その場合は最後の Format-Table 以降を単に Format-List にして確認しよう。

WMI を使ったシステムの変更は、公開ドキュメントの不足から試してみるまでわからないことも多い。VBScript ではいちいちスクリプトを書いてから、デバッグ用のコードを入れて、動かして、直して、動かして……を繰り返していくわけだけれど、PowerShell ではプロパティやメソッドを実際に操作するところまでを、コマンドライン上で確認できるのが素晴らしい。

たとえば次のようなネットワークアダプターがあるとする。

```
PS C:¥WINDOWS¥system32> Get-WmiObject Win32_NetworkAdapterConfiguration  -Filter "Ind
ex=3"


DHCPEnabled       : True
IPAddress         : {192.168.1.5, fe80::ad2c:f0b8:6ad6:1d94, 2408:210:d366:b400:f8d7:
                    3b35:7c02:c13b, 2408:210:d366:b400:f1da:f670:2f5d:7854...}
DefaultIPGateway  : {192.168.1.1, fe80::10ff:fe06:2093}
DNSDomain         :
ServiceName       : L1C
Description       : Qualcomm Atheros AR8151 PCI-E Gigabit Ethernet Controller (NDIS 6.
                    30)
Index             : 3
```

第4章　スクリプトの基本形

　DHCPを使わずにIPアドレスを手動で設定したい場合はどうすればいいかは、とりあえず試してみればいいのだ（もちろんいわゆる本番環境ではないところで）。

```
PS C:¥WINDOWS¥system32> (Get-WmiObject Win32_NetworkAdapterConfiguration  -Filter "In
dex=3").DHCPEnabled = $False
PS C:¥WINDOWS¥system32> Get-WmiObject Win32_NetworkAdapterConfiguration  -Filter "Ind
ex=3"


DHCPEnabled      : True
IPAddress        : {192.168.1.5, fe80::ad2c:f0b8:6ad6:1d94, 2408:210:d366:b400:f8d7:
                   3b35:7c02:c13b, 2408:210:d366:b400:f1da:f670:2f5d:7854...}
DefaultIPGateway : {192.168.1.1, fe80::10ff:fe06:2093}
DNSDomain        :
ServiceName      : L1C
Description      : Qualcomm Atheros AR8151 PCI-E Gigabit Ethernet Controller (NDIS 6.
                   30)
Index            : 3
```

　どうやら直接DHCPEnabledをいじっても無意味らしい。Set-WmiInstanceはどうだろう。

```
PS C:¥WINDOWS¥system32> Get-WmiObject Win32_NetworkAdapterConfiguration  -Filter "Ind
ex=3" | Set-WmiInstance -Arguments @{DHCPEnabled = $False}
Set-WmiInstance : 実行しようとした操作はプロバイダーによってサポートされていません
発生場所 行:1 文字:70
+ ... Filter "Index=3" | Set-WmiInstance -Arguments @{DHCPEnabled = $False}
+                        ~~~~~~~~~~~~~~~~~~~~~~~~~~~~~~~~~~~~~~~~~~~~~~~~~~~
    + CategoryInfo          : InvalidOperation: (:) [Set-WmiInstance]、ManagementExcep
                              tion
    + FullyQualifiedErrorId : SetWMIManagementException,Microsoft.PowerShell.Commands.
                              SetWmiInstance
```

　おっと、怒られてしまった。メソッドには何があるのかというと、

188

4.4 WMI による変更

```
PS C:¥WINDOWS¥system32> Get-WmiObject Win32_NetworkAdapterConfiguration  -Filter "Ind
ex=3"  | Get-Member -MemberType Method | Format-Table -Wrap


   TypeName: System.Management.ManagementObject#root¥cimv2¥Win32_NetworkAdapterConfig
uration

Name                          MemberType Definition
----                          ---------- ----------
DisableIPSec                  Method     System.Management.ManagementBaseObject Disable
                                         IPSec()
EnableDHCP                    Method     System.Management.ManagementBaseObject EnableD
                                         HCP()
EnableIPSec                   Method     System.Management.ManagementBaseObject EnableI
                                         PSec(System.String[] IPSecPermitTCPPorts, Syst
                                         em.String[] IPSecPermitUDPPorts, System.String
                                         [] IPSecPermitIPProtocols)
EnableStatic                  Method     System.Management.ManagementBaseObject EnableS
                                         tatic(System.String[] IPAddress, System.String
                                         [] SubnetMask)
ReleaseDHCPLease              Method     System.Management.ManagementBaseObject Release
                                         DHCPLease()
RenewDHCPLease                Method     System.Management.ManagementBaseObject RenewDH
                                         CPLease()
SetDNSDomain                  Method     System.Management.ManagementBaseObject SetDNSD
                                         omain(System.String DNSDomain)
SetDNSServerSearchOrder       Method     System.Management.ManagementBaseObject SetDNSS
                                         erverSearchOrder(System.String[] DNSServerSear
                                         chOrder)
SetDynamicDNSRegistration     Method     System.Management.ManagementBaseObject SetDyna
                                         micDNSRegistration(System.Boolean FullDNSRegis
                                         trationEnabled, System.Boolean DomainDNSRegist
                                         rationEnabled)
SetGateways                   Method     System.Management.ManagementBaseObject SetGate
                                         ways(System.String[] DefaultIPGateway, System.
                                         UInt16[] GatewayCostMetric)
SetIPConnectionMetric         Method     System.Management.ManagementBaseObject SetIPCo
                                         nnectionMetric(System.UInt32 IPConnectionMetri
                                         c)
SetIPXFrameTypeNetworkPairs   Method     System.Management.ManagementBaseObject SetIPXF
```

第4章 スクリプトの基本形

| | | rameTypeNetworkPairs(System.String[] IPXNetwor kNumber, System.UInt32[] IPXFrameType) |
|---|---|---|
| SetTcpipNetbios | Method | System.Management.ManagementBaseObject SetTcpi pNetbios(System.UInt32 TcpipNetbiosOptions) |
| SetWINSServer | Method | System.Management.ManagementBaseObject SetWINS Server(System.String WINSPrimaryServer, System .String WINSSecondaryServer) |

EnableDHCP はあっても DisableDHCP はないし、EnableDHCP にはパラメーターがないので有効にすることしかできないようだ。だがしかし、よくよく見れば EnableStatic というメソッドがあるではないか。パラメーターは IP アドレスとサブネットマスクのようだし、これで試してみよう。

```
PS C:¥WINDOWS¥system32> (Get-WmiObject Win32_NetworkAdapterConfiguration  -Filter "In
dex=3").EnableStatic(@("192.168.1.20"),@("255.255.255.0"))


__GENUS          : 2
__CLASS          : __PARAMETERS
__SUPERCLASS     :
__DYNASTY        : __PARAMETERS
__RELPATH        :
__PROPERTY_COUNT : 1
__DERIVATION     : {}
__SERVER         :
__NAMESPACE      :
__PATH           :
ReturnValue      : 0
PSComputerName   :
```

ReturnValue が 0 なので操作は成功している。そしてオブジェクトを確認してみると、

190

```
PS C:\WINDOWS\system32> Get-WmiObject Win32_NetworkAdapterConfiguration  -Filter "Ind
ex=3"


DHCPEnabled      : False
IPAddress        : {192.168.1.20, fe80::ad2c:f0b8:6ad6:1d94, 2408:210:d366:b400:f8d7:
                   3b35:7c02:c13b, 2408:210:d366:b400:f1da:f670:2f5d:7854...}
DefaultIPGateway : {fe80::10ff:fe06:2093}
DNSDomain        :
ServiceName      : L1C
Description      : Qualcomm Atheros AR8151 PCI-E Gigabit Ethernet Controller (NDIS 6.
                   30)
Index            : 3
```

ちゃんと変更されている。IPv4 のデフォルトゲートウェイが消えているのは、SetGateways メソッドで付け直せばいいのだろうと予想できる。

## 4.5

# PowerShell 的スクリプトの基礎

　PowerShell のスクリプトは拡張子 ps1 のテキストファイルである。懐かしき MS-DOS のバッチファイルのように、ただコマンドレットを並べただけでも機能するし、ちゃんとした構造を持って作法に則った書き方もできる。

　ただし、PowerShell 自身は初期状態ではスクリプトを実行できるようにはなっていない。Get-ExecutionPolicy コマンドレットを実行すると、初期状態の PowerShell では Restricted という返事が返ってくる。これはスクリプトがどの状態なら実行していいかを表している。

　Set-ExecutionPolicy コマンドレットで実行ポリシーを AllSigned に変更すれば、正式な証明書発行機関から発行されたコード証明書で署名されたスクリプトなら実行できる。しかし、予算を付けてちゃんと証明書を取得しようとかいう問題ではなく、試しに作って

テストするものまでいちいち署名しなくてはいけないというのは大問題だ。デバッグ中に
ちょっと押すたびに署名してはいられない、というのが大問題なのだ。

　そんなわけで一般的には、管理者権限で PowerShell を起動してから、Set-
ExecutionPolicy RemoteSigned としてそのマシン自身にある ps1 スクリプトは実行で
きるようにしてしまうことが多い。実際のところ、開発用のマシンならそれもあり。もう
少しセキュリティを気にするなら、PowerShell を起動するたびに Set-ExecutionPolicy
RemoteSigned -Scope Process として、その PowerShell だけそのマシン自身にある
ps1 スクリプトを実行できるようにするというのがいいだろう。その場合は、マシン自身の
恒久的なポリシーは Restricted のままなので、ps1 ファイルをダブルクリックしたり、タ
スクスケジューラーなどからいきなり ps1 スクリプトを指定したりして起動することはでき
ないが、そこは powershell -ExecutionPolicy RemoteSigned -File "ps1 ファイル
のパス " として設定してしまえば行ける。

　管理者権限の PowerShell は確かに気にするべきところが少なくて楽な面もあるのだが、
その反面でやりすぎてしまう危険もある。情報取得だけならば管理者権限はいらないことが
多いので、スクリプトが完成する前のどこかの段階で、管理者権限ではない環境でテストす
るべきである。

　そのあたりを把握したら、notepad でもなんでも構わないので、テキストエディターで
ps1 ファイルを作ればいい。

　スクリプティングの情報は PowerShell で Get-Help about_Scripts とするか、
TechNet か MSDN で about_scripts を検索して見てみよう。MSDN はほぼ英語だが、
TechNet では日本語訳されているものが多い。TechNet では、


　　https://technet.microsoft.com/ja-jp/library/


から「Windows PowerShell を使用したスクリプティング」、「Core Modules in Windows
PowerShell」、「Windows PowerShell 5.0」、「Microsoft.PowerShell.Core モジュール」、「コ
ア About トピック」とブラウズしていけば、存在していれば日本語ドキュメントに到達で
きる。

　WMI オブジェクトをどうにかするのは、実はそれほど大変なことではない。一番の問題
点はリモートマシンへの接続だったりするが、それは PowerShell では簡単だし、すでに第
2 章で解説した通りである。

WMI 周りで苦労するのは実はそんな当たり前の部分ではなく、オブジェクトであるが故の様々なデータ型がごっちゃごちゃと交じり合った状態なのだ。たとえば、次の関数は PowerShell 上で IPv4 のサブネットのすべての IP アドレスに PING する。

```
PS C:¥WINDOWS¥system32> Function Test-IPSubnetConnection([string] $subnet)
>> {
>>   If ($subnet -match "[0-9]+¥.[0-9]+¥.[0-9]+¥.[0-9]+¥/[0-9]+") {
>>     $a = (($subnet -split "[/¥.]") | Foreach {[System.Convert]::ToByte($_,10)})
>>     $mask = [System.Convert]::ToUInt32("FFFFFFFF",16) -shl (32 - $a[4])
>>     $net = ([System.Convert]::ToUInt32($a[0].ToString("X2")+$a[1].ToString("X2")+
>>             $a[2].ToString("X2")+$a[3].ToString("X2"),16)) -band $mask
>>     For($sift = 1; $sift -lt (-bnot $mask) ; $sift++) {
>>       $1 = ($net+$sift).ToString("X8")
>>       $addr = [System.Convert]::ToByte($1.SubString(0,2),16).ToString()+"."+
>>               [System.Convert]::ToByte($1.SubString(2,2),16).ToString()+"."+
>>               [System.Convert]::ToByte($1.SubString(4,2),16).ToString()+"."+
>>               [System.Convert]::ToByte($1.SubString(6,2),16).ToString()
>>       Test-Connection $addr -Count 1 -ErrorAction SilentlyContinue
>>     }
>>   } Else {
>>     $False
>>   }
>> }
>>
PS C:¥WINDOWS¥system32> Test-IPSubnetConnection "192.168.1.0/24"


Source    Destination   IPV4Address   IPV6Address                   Bytes   Ti
                                                                             me
                                                                             (m
                                                                             s)

------    -----------   -----------   -----------                   -----   --
ALPHA     192.168.1.1                                               32      0
ALPHA     192.168.1.5                                               32      0
ALPHA     192.168.1.11                                              32      33
ALPHA     192.168.1.15  192.168.1.15  fe80::556:4c3:ba7f:a2f5%7     32      2
ALPHA     192.168.1.26                                              32      3
ALPHA     192.168.1.101 192.168.1.101 fe80::8124:5316:ac1b:4b0f%7   32      0
```

第4章　スクリプトの基本形

この関数では、文字列の数値をバイト値に変換したり、16進表記の文字列を32ビット符号なし整数に変換したりしているが、実のところ非常にわかりづらい。もちろん、$net の値を得るところは、

```
$net = ((((($a[0] -shl 8) + $a[1]) -shl 8) + $a[2]) -shl 8) + $a[3]) -band $mask
```

でもよかったのだ。その場合はバイト型から32ビット符号なし整数に自動で拡張されることをあてにするよりは、最初から32ビット符号なし整数を使うべきだろう。$addr を作るところも文字表現を経由しないやり方がもちろんある。

```
Function Test-IPSubnetConnection([string] $subnet)
{
  If ($subnet -match "[0-9]+¥.[0-9]+¥.[0-9]+¥.[0-9]+¥/[0-9]+") {
    $a = (($subnet -split "[/¥.]") | Foreach {[System.Convert]::ToUInt32($_,10)})
    $mask = [System.UInt32]"0xFFFFFFFF" -shl (32 - $a[4])
    $net = ((((($a[0] -shl 8) + $a[1]) -shl 8) + $a[2]) -shl 8) + $a[3]) -band $mask
    For($sift = [System.UInt32]1; $sift -lt (-bnot $mask) ; $sift++) {
      $addr = ((($net+$sift) -shr 24) -band 0x0ff).ToString()+"."+
              ((($net+$sift) -shr 16) -band 0x0ff).ToString()+"."+
              ((($net+$sift) -shr 8) -band 0x0ff).ToString()+"."+
              (($net+$sift) -band 0x0ff).ToString()
      Test-Connection $addr -Count 1 -ErrorAction SilentlyContinue
    }
  } Else {
    $False
  }
}
```

そう、サブネットが /16 だったりするかもしれないので、最初に分解した $a を使ってアドレスを生成するわけにはいかないのだ。ビットシフトを多用しているのは、共用体が使えない以上仕方がない。ネットワーク周りのデータ構造には共用体とビットフィールドが必要不可欠なのだが、そこは CPU パワーの無駄遣いで何とかなるようになってきてしまっている以上は、PowerShell に限らずサポートされることはないのだろう。いずれにしろ、ping のレスポンスやタイムアウト待ちの方が、アドレス生成よりもけた違いに時間がかかるので、実際問題としてはどちらのやり方でも実行時間に差はない。

194

4.5 **PowerShell 的スクリプトの基礎**

　ここでは、Test-IPSubnetConnection を関数として定義した。上記のリストを
PowerShell のコマンドラインでそのまま入力すれば、その PowerShell を閉じるまで関数と
して機能する。

　閉じて終わっては困るので、ps1 ファイルに保存するといいわけなのだが、この Test-
IPSubnetConnection のように単体で機能するようなものの場合は、たとえば、Test-
IPSubnetConnection.ps1 "192.168.1.0/24" などとするだけで機能するようにしたい。

　そんな場合は、関数名をファイル名に、パラメーターリストを Param 定義に直して次の
ような内容のファイル Test-IPSubnetConnection.ps1 を作成する。

```
Param([string] $subnet)
If ($subnet -match "[0-9]+¥.[0-9]+¥.[0-9]+¥.[0-9]+¥/[0-9]+") {
  $a = (($subnet -split "[/¥.]") | Foreach {[System.Convert]::ToUInt32($_,10)})
  $mask = [System.UInt32]"0xFFFFFFFF" -shl (32 - $a[4])
  $net = ((((($a[0] -shl 8) + $a[1]) -shl 8) + $a[2]) -shl 8) + $a[3]) -band $mask
  For($sift = [System.UInt32]1; $sift -lt (-bnot $mask) ; $sift++) {
    $addr = ((($net+$sift) -shr 24) -band 0x0ff).ToString()+"."+
            ((($net+$sift) -shr 16) -band 0x0ff).ToString()+"."+
            ((($net+$sift) -shr 8) -band 0x0ff).ToString()+"."+
            (($net+$sift) -band 0x0ff).ToString()
    Test-Connection $addr -Count 1 -ErrorAction SilentlyContinue
  }
} Else {
  $False
}
```

ちょうど関数の時の中身を取り出した感じになる。PowerShell はコマンド検索パスにな
いファイルを実行する時は、いきなりファイル名を指定しても実行できないので、Test-
IPSubnetConnection.ps1 を保存したディレクトリにいるのであれば、

```
PS C:¥code¥wmi> .¥Test-IPSubnetConnection.ps1 "192.168.1.0/24"
```

というようにして、スクリプトファイルを実行する。役に立ちそうなら、簡単なヘルプを書
いておくのがよさそうだ。

195

第 4 章　スクリプトの基本形

```
<#
.SYNOPSIS
サブネットでPING応答するIPアドレスを発見する
#>
Param([string] $subnet)
If ($subnet -match "[0-9]+¥.[0-9]+¥.[0-9]+¥.[0-9]+¥/[0-9]+") {
  $a = (($subnet -split "[/¥.]") | Foreach {[System.Convert]::ToUInt32($_,10)})
  $mask = [System.UInt32]"0xFFFFFFFF" -shl (32 - $a[4])
  $net = ((((((($a[0] -shl 8) + $a[1]) -shl 8) + $a[2]) -shl 8) + $a[3]) -band $mask
  For($sift = [System.UInt32]1; $sift -lt (-bnot $mask) ; $sift++) {
    $addr = ((($net+$sift) -shr 24) -band 0x0ff).ToString()+"."+
            ((($net+$sift) -shr 16) -band 0x0ff).ToString()+"."+
            ((($net+$sift) -shr 8) -band 0x0ff).ToString()+"."+
            (($net+$sift) -band 0x0ff).ToString()
    Test-Connection $addr -Count 1 -ErrorAction SilentlyContinue
  }
} Else {
  $False
}
```

ヘルプ用のコメントの書き方は Get-Help about_Comment_Based_Help で詳しく解説されている。

　関数のまま使いたいなら、上の関数定義のままで ps1 ファイルを作って、

```
PS C:¥code¥wmi> . .¥TestFunctions.ps1
```

とする。この ps1 ファイルは複数の関数やフィルターを定義しておくことが可能なので、たとえば内容を次のようにしておく。

```
Function Test-IPSubnetConnection([string] $subnet)
{
  If ($subnet -match "[0-9]+¥.[0-9]+¥.[0-9]+¥.[0-9]+¥/[0-9]+") {
    $a = (($subnet -split "[/¥.]") | Foreach {[System.Convert]::ToUInt32($_,10)})
    $mask = [System.UInt32]"0xFFFFFFFF" -shl (32 - $a[4])
    $net = ((((((($a[0] -shl 8) + $a[1]) -shl 8) + $a[2]) -shl 8) + $a[3]) -band $mask
    For($sift = [System.UInt32]1; $sift -lt (-bnot $mask) ; $sift++) {
      $addr = ((($net+$sift) -shr 24) -band 0x0ff).ToString()+"."+
```

196

## 4.5 PowerShell 的スクリプトの基礎

```
              ((($net+$sift) -shr 16) -band 0x0ff).ToString()+"."+
              ((($net+$sift) -shr 8) -band 0x0ff).ToString()+"."+
              (($net+$sift) -band 0x0ff).ToString()
       Test-Connection $addr -Count 1 -ErrorAction SilentlyContinue
    }
  } Else {
    $False
  }
}

Filter Show-ObjectProperties {
  "" ; $_.Properties | ForEach-Object {
    If ($_.Value -ne $null) {
      If($_.IsArray) {
        If ($_.Type -eq "String") {
          $_.Name + "["+$_.Type+'[]]: {"' + ( $_.Value -Join '","' ) + '"}'
        } Else {
          $_.Name + "["+$_.Type+'[]]: {' + ( $_.Value -Join ',' ) + '}'
        }
      } ElseIf ($_.Type -eq "DateTime") {
          $_.Name + "["+$_.Type+']: ' +
              ([Management.ManagementDateTimeConverter]::ToDateTime($_.Value))
      } Else {
        $_.Name + "["+$_.Type+"]: " + $_.Value
      }
    }
  }
}

Function Save-Credential
{
  Param(
    [parameter(Mandatory=$true,Position=0)]
    [String] $username,
    [parameter(Mandatory=$true,Position=1)]
    [String] $password,
    [parameter(Mandatory=$true,Position=2)]
    [String] $filename
  )
  Get-Credential (New-Object System.Management.Automation.PsCredential
      $username,(ConvertTo-SecureString $password -asplaintext -force)) |
```

第4章　スクリプトの基本形

```
        Export-Clixml $filename
}

Function Load-Credential
{
    Param(
        [parameter(Mandatory=$true,Position=0)]
        [String] $filename
    )
    Import-Clixml $filename
}
```

こんな風にしてよく使う手順は関数化しておいて、ドットソース形式、つまり「.」にps1
ファイルの形式でその時のスコープに読み込むようにすると、蓄積した資産を再利用しやす
い。ドットソース形式はps1ファイルの中でも使える。その場合は、読み込まれた関数や
フィルターを読み込んだps1ファイルの中で利用できる。

　たとえば、ネットワークアダプターの情報を表示する以下のような内容のps1ファイルを
作成したとする。

```
Get-WmiObject Win32_NetworkAdapterConfiguration -Filter "IPEnabled=True" |
ForEach-Object -Process {
    $DBPATH=$_.DatabasePath
    $DNSDSSO=$_.DNSDomainSuffixSearchOrder
    $DNSHN=$_.DNSHostName
    $_.Description
    If ($_.DHCPEnabled) {"`tDHCP Enabled"} Else {"`tStatic IP"}
    For ( $i = 0; $i -lt $_.IPAddress.Count; $i++ ) {
        "`t"+$_.IPAddress[$i]+(&{If($_.IPSubnet[$i] -Like "*.*") {" mask "}
        Else {"/"}})+$_.IPSubnet[$i]
    }
    "`tMAC Address                         : "+$_.MACAddress
    If ($_.DefaultIPGateway -ne $null) {
        "`tDefault IP Gateway              : "+($_.DefaultIPGateway -Join ",")
    }
    "`tIP Connection Metric                : "+$_.IPConnectionMetric
    "`tService Name                        : "+$_.ServiceName
    "`tIndex                               : "+$_.Index
    "`tInterfaceIndex                      : "+$_.InterfaceIndex
    $ifs = Get-NetworkAdapterByInterfaceIndex($_.InterfaceIndex)
```

198

## 4.5 PowerShell 的スクリプトの基礎

```
  "`tInterface : Adapter Type              : "+$ifs.AdapterType
  "`tInterface : Manufacturer              : "+$ifs.Manufacturer
  "`tInterface : Physical Adapter          : "+$ifs.PhysicalAdapter
  "`tInterface : Power Management Supported : "+$ifs.PowerManagementSupported
  "`tInterface : Speed                     : "+$ifs.Speed
  "`tInterface : Time Of Last Reset        :
      "+([Management.ManagementDateTimeConverter]::ToDateTime($ifs.TimeOfLastReset)).
ToString("yyyy-mm-dd hh:MM:ss")
  "`tDNS Enabled For WINS Resolution       : "+$_.DNSEnabledForWINSResolution
  "`tDomain DNS Registration Enabled       : "+$_.DomainDNSRegistrationEnabled
  "`tFull DNS Registration Enabled         : "+$_.FullDNSRegistrationEnabled
  "`tIP Filter Security Enabled            : "+$_.IPFilterSecurityEnabled
  "`tTcpipNetbiosOptions                   : "+$_.TcpipNetbiosOptions
  "`tWINS Enable LMHosts Lookup            : "+$_.WINSEnableLMHostsLookup
  "`tWINS Scope ID                         : "+$_.WINSScopeID
} -End {
  "Database Path                : "+$DBPATH
  "DNS Host Name                : "+$DNSHN
  "DNS Domain Suffix Search Order : "+($DNSDSSO -Join ",")
}


Function Get-NetworkAdapterByInterfaceIndex([int] $ifindex)
{
  Get-WmiObject Win32_NetworkAdapter -Filter "InterfaceIndex=$ifindex"
}
```

この関数 Get-NetworkAdapterByInterfaceIndex を使いまわすために、別ファイルに入
れようと思ったら、関数定義の部分、

```
Function Get-NetworkAdapterByInterfaceIndex([int] $ifindex)
{
  Get-WmiObject Win32_NetworkAdapter -Filter "InterfaceIndex=$ifindex"
}
```

の部分だけを、たとえば NetFunctions.ps1 というファイル名で保存し、利用したい ps1
ファイルの関数を利用する前で、ドットソース形式で読み込む。関数定義はいくつ入れても
構わないし、入れたものすべてを使う必要もない。つまり、

## 第4章 スクリプトの基本形

```powershell
. .¥ NetFunctions.ps1
Get-WmiObject Win32_NetworkAdapterConfiguration -Filter "IPEnabled=True" |
ForEach-Object -Process {
  $DBPATH=$_.DatabasePath
  $DNSDSSO=$_.DNSDomainSuffixSearchOrder
  $DNSHN=$_.DNSHostName
  $_.Description
  If ($_.DHCPEnabled) {"`tDHCP Enabled"} Else {"`tStatic IP"}
  For ( $i = 0; $i -lt $_.IPAddress.Count; $i++ ) {
    "`t"+$_.IPAddress[$i]+(&{If($_.IPSubnet[$i] -Like "*.*") {" mask "}
    Else {"/"}})+$_.IPSubnet[$i]
  }
  "`tMAC Address                        : "+$_.MACAddress
  If ($_.DefaultIPGateway -ne $null) {
    "`tDefault IP Gateway                 : "+($_.DefaultIPGateway -Join ",")
  }
  "`tIP Connection Metric             : "+$_.IPConnectionMetric
  "`tService Name                     : "+$_.ServiceName
  "`tIndex                            : "+$_.Index
  "`tInterfaceIndex                   : "+$_.InterfaceIndex
  $ifs = Get-NetworkAdapterByInterfaceIndex($_.InterfaceIndex)
  "`tInterface : Adapter Type         : "+$ifs.AdapterType
  "`tInterface : Manufacturer         : "+$ifs.Manufacturer
  "`tInterface : Physical Adapter     : "+$ifs.PhysicalAdapter
  "`tInterface : Power Management Supported : "+$ifs.PowerManagementSupported
  "`tInterface : Speed                : "+$ifs.Speed
  "`tInterface : Time Of Last Reset   :
      "+([Management.ManagementDateTimeConverter]::ToDateTime($ifs.TimeOfLastReset)).
ToString("yyyy-mm-dd hh:MM:ss")
  "`tDNS Enabled For WINS Resolution  : "+$_.DNSEnabledForWINSResolution
  "`tDomain DNS Registration Enabled  : "+$_.DomainDNSRegistrationEnabled
  "`tFull DNS Registration Enabled    : "+$_.FullDNSRegistrationEnabled
  "`tIP Filter Security Enabled       : "+$_.IPFilterSecurityEnabled
  "`tTcpipNetbiosOptions              : "+$_.TcpipNetbiosOptions
  "`tWINS Enable LMHosts Lookup       : "+$_.WINSEnableLMHostsLookup
  "`tWINS Scope ID                    : "+$_.WINSScopeID
} -End {
  "Database Path                : "+$DBPATH
  "DNS Host Name                : "+$DNSHN
  "DNS Domain Suffix Search Order : "+($DNSDSSO -Join ",")
}
```

4.5　PowerShell 的スクリプトの基礎

というようにすることができる。

　PowerShell は意図する動作が得られるかどうかを確認するために、コンパイルする必要もなければ、実行プログラムに渡す必要もない。コマンドラインで試してみたらそれをそのままスクリプトにできるのは、ちょっとした運用系の手順をスクリプト化するのに非常に効率がいい。関数定義をまとめていくと、人力によるライブラリ管理が必要になるのは問題かもしれないが、あまり細かく分けないようにすれば特に大きな問題にはならないだろう。正式リリース版は、ドットソース形式の部分に必要な関数定義を直にペーストして配布するというのも、ひとつの手法だ。

　さて、上のスクリプトにはリモートマシンへのアクセス機能を追加すれば、ほぼ完ぺきだろう。

```
Param (
    [String] $ComputerName = "",
    [pscredential] $cred = $Null
)
$adapter = &{If ($ComputerName -eq "") {
        Get-WmiObject Win32_NetworkAdapterConfiguration -Filter "IPEnabled=True"
    } Else {
        RegisterTrustedHosts $ComputerName
        Get-WmiObject Win32_NetworkAdapterConfiguration -ComputerName $ComputerName
            -Credential $cred -Filter "IPEnabled=True"
    }
}
$adapter | ForEach-Object -Process {
    $DBPATH=$_.DatabasePath
    $DNSDSSO=$_.DNSDomainSuffixSearchOrder
    $DNSHN=$_.DNSHostName
    $_.Description
    If ($_.DHCPEnabled) {"`tDHCP Enabled"} Else {"`tStatic IP"}
    For ( $i = 0; $i -lt $_.IPAddress.Count; $i++ ) {
        "`t"+$_.IPAddress[$i]+(&{If($_.IPSubnet[$i] -Like "*.*") {" mask "}
        Else {"/"}})+$_.IPSubnet[$i]
    }
    "`tMAC Address                         : "+$_.MACAddress
    If ($_.DefaultIPGateway -ne $null) {
        "`tDefault IP Gateway                : "+($_.DefaultIPGateway -Join ",")
    }
    "`tIP Connection Metric                : "+$_.IPConnectionMetric
```

## 第4章 スクリプトの基本形

```powershell
        "`tService Name                           : "+$_.ServiceName
        "`tIndex                                  : "+$_.Index
        "`tInterfaceIndex                         : "+$_.InterfaceIndex
        $ifs = Get-NetworkAdapterByInterfaceIndex($_.InterfaceIndex)
        "`tInterface : Adapter Type               : "+$ifs.AdapterType
        "`tInterface : Manufacturer               : "+$ifs.Manufacturer
        "`tInterface : Physical Adapter           : "+$ifs.PhysicalAdapter
        "`tInterface : Power Management Supported : "+$ifs.PowerManagementSupported
        "`tInterface : Speed                      : "+$ifs.Speed
        If ($ifs.TimeOfLastReset -ne $null) {
            "`tInterface : Time Of Last Reset       :
                "+([Management.ManagementDateTimeConverter]::ToDateTime($ifs.TimeOfLastRe
set)).ToString("yyyy-mm-dd hh:MM:ss")
        }
        "`tDNS Enabled For WINS Resolution        : "+$_.DNSEnabledForWINSResolution
        "`tDomain DNS Registration Enabled        : "+$_.DomainDNSRegistrationEnabled
        "`tFull DNS Registration Enabled          : "+$_.FullDNSRegistrationEnabled
        "`tIP Filter Security Enabled             : "+$_.IPFilterSecurityEnabled
        "`tTcpipNetbiosOptions                    : "+$_.TcpipNetbiosOptions
        "`tWINS Enable LMHosts Lookup             : "+$_.WINSEnableLMHostsLookup
        "`tWINS Scope ID                          : "+$_.WINSScopeID
    } -End {
        "Database Path                 : "+$DBPATH
        "DNS Host Name                 : "+$DNSHN
        "DNS Domain Suffix Search Order : "+($DNSDSSO -Join ",")
    }


Function RegisterTrustedHosts([string] $ComputerName = "")
{
    $currentlist = (get-item WSMan:¥localhost¥Client¥TrustedHosts).Value -split ","
    If(&{$currentlist | ForEach-Object -Begin {$r=$True} -Process {
        If ($ComputerName -Like $_) { $r=$False }} -End {$r}}) {
            $currentlist += @($ComputerName)
            Set-Item WSMan:¥localhost¥Client¥TrustedHosts -ErrorAction Stop -Force
            -Value ($currentlist -Join ",")
    }
}


Function Get-NetworkAdapterByInterfaceIndex
{
    Param (
```

```
        [int] $ifindex,
        [string] $ComputerName = "",
        [pscredential] $cred = $Null
    )
    If ($ComputerName -eq "") {
        Get-WmiObject Win32_NetworkAdapter -Filter "InterfaceIndex=$ifindex"
    } Else {
        Get-WmiObject Win32_NetworkAdapter -ComputerName $ComputerName -Credential
            $cred -Filter "InterfaceIndex=$ifindex"
    }
}
```

Register-TrustedHosts 関数は、WinRM クライアントの TrustedHosts に $Computer Name が入っていなければ、自動的に追加する関数である。これは、管理者権限が必要な操作なので、新しいリモートマシンの情報を得る場合は、管理者権限が必要になる。

　PowerShell 的にはコメントベースヘルプを書いたりしないといけないわけだが、機能としてはこれで十分だろう。

# 索引

## [記号]

$( ) 演算子.................................................................80

## [A]

Active Directory.........................................................3
ActiveTime プロパティ....................................97, 99
AdapterTypeId プロパティ.................................40
AdapterType プロパティ.....................................40
AddressAnswerLimit プロパティ.....................109
Address プロパティ.............................................152
Administrators グループ.......................................3
AgeAllRecords メソッド....................................122
Age プロパティ.......................................................85
Aging プロパティ.................................................119
AllowMaximum プロパティ...............................103
AllowUpdate プロパティ.............................109, 119
Antecedent プロパティ...................96, 101, 102
ArpAlwaysSourceRoute プロパティ................57
ArpUseEtherSNAP プロパティ.........................57
AutoCacheUpdate プロパティ........................109
AutoConfigFileZones プロパティ....................110
AutoCreated プロパティ....................................119
Availability プロパティ.........................................43

## [B]

BAT ファイル........................................................156
BindSecondaries プロパティ............................110
BootMethod プロパティ.....................................110
BufferSize プロパティ.........................................152

## [C]

Caption プロパティ...................41, 58, 83, 85, 90, 97,
                                              99, 103, 148
ChangeZoneType メソッド................................122
CIM...........................................................................12
CIM セッション....................................................145
ClearCache メソッド..........................................125
ClientSiteName プロパティ...............................148
ClientType プロパティ..........................................99
CollectionId プロパティ.....................................127
CollectionName プロパティ..............................127
ComputerName プロパティ..........................97, 99
ConfigManagerErrorCode プロパティ..............42

ConfigManagerUserConfig プロパティ...........42
ConnectionID プロパティ....................................97
ConnectionlessService プロパティ...................92
ContainerName プロパティ.......................118, 130
CreateInstanceFromPropertyData メソッド.............133
CreateInstanceFromTextRepresentation メソッド..131
CreateZone メソッド..........................................123
Create メソッド...................................................104
CreationClassName プロパティ.......................148
cscript.exe...........................................................157

## [D]

DatabasePath プロパティ....................................58
DataFile プロパティ............................................119
DcSiteName プロパティ.....................................148
DeadGWDetectEnabled プロパティ..................58
DefaultAgingState プロパティ.........................110
DefaultIPGateway プロパティ............................58
DefaultNoRefreshInterval プロパティ............110
DefaultRefreshInterval プロパティ..................111
DefaultTOS プロパティ........................................58
DefaultTTL プロパティ........................................58
Delete メソッド...................................................106
Dependent プロパティ.....................96, 101, 102
Description プロパティ.....................41, 58, 83, 85, 90,
                                              97, 99, 103, 148
Destination プロパティ...............................83, 85
DeviceID プロパティ.............................................41
Device プロパティ.................................................96
DHCPEnabled プロパティ...................................59
DHCPLeaseExpires プロパティ..........................59
DHCPLeaseObtained プロパティ.......................59
DHCPServer プロパティ......................................59
DisableAutoReverseZones プロパティ...........111
DisableIPSec メソッド.........................................67
Disable メソッド..................................................47
DisjointNets プロパティ....................................111
DNS......................................................................108
DNSDomainSuffixSearchOrder プロパティ.............59
DNSDomain プロパティ......................................59
DNSEnabledForWINSResolution プロパティ..............59
DNSForestName プロパティ............................149
DNSHostName プロパティ..................................59

204

DnsServerName プロパティ ............118, 119, 128, 130
DNSServerSearchOrder プロパティ .................................. 59
DNS 階層のドメイン.........................................................118
DNS サーバー .....................................................................109
DNS サーバーのキャッシュ .............................................125
DNS サーバーの統計..........................................................126
DNS ゾーン .........................................................................119
Domain Admins グループ ................................................... 3
DomainControllerAddressType プロパティ ..............149
DomainControllerAddress プロパティ .......................149
DomainControllerName プロパティ ............................149
DomainDNSRegistrationEnabled プロパティ ............. 59
DomainGUID プロパティ .................................................149
DomainName プロパティ ........................................ 130, 149
DsAvailable プロパティ ...................................................111
DSDirectoryServiceFlag プロパティ .............................149
DSDnsControllerFlag プロパティ ..................................149
DSDnsDomainFlag プロパティ .......................................149
DSGlobalCatalogFlag プロパティ ..................................149
DsIntegrated プロパティ ..................................................119
DSKerberosDistributionCenterFlag プロパティ .......149
DsPollingInterval プロパティ .........................................111
DSPrimaryDomainControllerFlag プロパティ ..........149
DSTimeServiceFlag プロパティ ......................................150
DsTombstoneInterval プロパティ ..................................111
DSWritableFlag プロパティ .............................................150

## [E]

EdnsCacheTimeout プロパティ .......................................111
EnableDHCP メソッド ........................................................ 64
EnableDirectoryPartitions プロパティ .........................111
EnableDnsSec プロパティ ................................................112
EnableDNS メソッド .......................................................... 65
EnableEDnsProbes プロパティ .......................................112
EnableIPFilterSec メソッド ............................................. 67
EnableIPSec メソッド ........................................................ 67
EnableStatic メソッド ....................................................... 68
EnableWINS メソッド ........................................................ 69
Enable メソッド .................................................................. 47
ErrorCleared プロパティ ................................................... 46
ErrorDescription プロパティ ........................................... 46
EventLogLevel プロパティ ...............................................112

## [F]

Filter コマンドレット .......................................................168
ForceRefresh メソッド ......................................................124
ForeEach-Object コマンドレット .................................... 78

Format-List コマンドレット .............................................. 76
Format-Table コマンドレット .......................................... 36
ForwardBufferMemory プロパティ ................................. 59
ForwardDelegations プロパティ .....................................112
ForwarderSlave プロパティ .............................................120
Forwarders プロパティ .....................................................113
ForwarderTimeout プロパティ .......................................120
ForwardingTimeout プロパティ .....................................113
FullDNSRegistrationEnabled プロパティ ...................... 59
Function コマンドレット .................................................... 9

## [G]

GatewayCostMetric プロパティ ....................................... 58
GetAccessMask メソッド..................................................107
GetDistinguishedName メソッド....118, 123, 125, 126
Get-Help コマンドレット .................................................. 17
Get-Member コマンドレット ...................................34, 187
GetObjectByTextRepresentation メソッド ................131
Get-ChildItem コマンドレット .......................................... 9
Get-CimSession コマンドレット .....................................146
Get-ExecutionPolicy コマンドレット .............................191
Get-NetFirewallProfile コマンドレット ........................138
Get-NetFirewallSetting コマンドレット .......................143
Get-WmiClassInfo コマンドレット .................................183
Get-WmiObject コマンドレット........................17, 26, 34
GroupComponent プロパティ ..............................128, 129
GuaranteesDelivery プロパティ ...................................... 92
GuaranteesSequencing プロパティ ................................. 92
GUID プロパティ ................................................................ 41

## [I]

IdleTime プロパティ .......................................................... 99
IGMPLevel プロパティ ....................................................... 60
Index プロパティ ..........................................................41, 60
Information プロパティ ..................................................... 85
InstallDate プロパティ ...83, 85, 93, 98, 100, 103, 150
InterfaceIndex プロパティ .......................................41, 60, 86
IPAddress プロパティ ........................................................ 60
IPConnectionMetric プロパティ ..................................... 60
IPEnabled プロパティ ....................................................... 60
IPFilterSecurityEnabled プロパティ .............................. 61
IPSecPermitIPProtocols プロパティ .............................. 61
IPSecPermitTCPPorts プロパティ .................................. 61
IPSecPermitUDPPorts プロパティ ................................. 61
IPSubnet プロパティ .......................................................... 60
IPUseZeroBroadcast プロパティ ..................................... 61
IP ルート ............................................................................. 88

205

IsSlave プロパティ ...........................................................113

## [J]

JScript.............................................................................156

## [K]

KeepAliveInterval プロパティ ........................................ 61
KeepAliveTime プロパティ .............................................. 61

## [L]

LastErrorCode プロパティ ............................................... 46
LastSuccessfulSoaCheck プロパティ ...........................120
LastSuccessfulXfr プロパティ ......................................120
ListenAddresses プロパティ .........................................113
LocalMasterServers プロパティ ...................................120
LocalNetPriority プロパティ .........................................113
LogFileMaxSize プロパティ ..........................................113
LogFilePath プロパティ .................................................114
LogIPFilterList プロパティ ............................................114
LogLevel プロパティ ......................................................114
LooseWildcarding プロパティ .......................................114

## [M]

MACAddress プロパティ ...........................................46, 60
Manufacturer プロパティ ............................................... 40
Mask プロパティ ........................................................83, 86
MasterServers プロパティ ............................................120
MaxCacheTTL プロパティ .............................................114
MaximumAddressSize プロパティ ................................. 93
MaximumAllowed プロパティ ......................................103
MaximumMessageSize プロパティ ............................... 94
MaxNegativeCacheTTL プロパティ .............................115
MaxNumberControlled プロパティ ............................... 46
MaxSpeed プロパティ ..................................................... 46
MessageOriented プロパティ ......................................... 94
Metric1 プロパティ ...................................................84, 86
Metric2 プロパティ ......................................................... 86
Metric3 プロパティ ......................................................... 86
Metric4 プロパティ ......................................................... 86
Metric5 プロパティ ......................................................... 86
MicrosoftDNS_Cache クラス.........................................125
MicrosoftDNS_Cache クラスのメソッド .....................125
MicrosoftDNS_DomainDomainContainment クラス
.........................................................................................129
MicrosoftDNS_DomainDomainContainment クラスの
プロパティ ...............................................................129

MicrosoftDNS_DomainResourceRecordContainment
クラス..................................................................129
MicrosoftDNS_DomainResourceRecordContainment
クラスのプロパティ ..........................................129
MicrosoftDNS_Domain クラス ....................................118
MicrosoftDNS_Domain クラスのプロパティ .............118
MicrosoftDNS_Domain クラスのメソッド................118
MicrosoftDNS_ResourceRecord クラス ......................130
MicrosoftDNS_ResourceRecord クラスのサブクラス
..................................................................................132
MicrosoftDNS_ResourceRecord クラスのプロパティ
..................................................................................130
MicrosoftDNS_ResourceRecord クラスのメソッド
..................................................................................131
MicrosoftDNS_RootHints クラス .................................126
MicrosoftDNS_RootHints クラスのメソッド .............126
MicrosoftDNS_ServerDomainContainment クラス
..................................................................................128
MicrosoftDNS_ServerDomainContainment クラスの
プロパティ .............................................................128
MicrosoftDNS_Server クラス.......................................109
MicrosoftDNS_Server クラスのプロパティ ...............109
MicrosoftDNS_Server クラスのメソッド ...................117
MicrosoftDNS_Statistic クラス....................................126
MicrosoftDNS_Statistic クラスのプロパティ............127
MicrosoftDNS_Zone クラス..........................................119
MicrosoftDNS_Zone クラスのプロパティ ..................119
MicrosoftDNS_Zone クラスのメソッド ......................122
MinimumAddressSize プロパティ ................................. 93
Modify メソッド.............................................................133
MTU プロパティ .............................................................. 60

## [N]

NameCheckFlag プロパティ .........................................115
NameFormat プロパティ ..............................................150
Name プロパティ ................ 41, 83, 85, 90, 97, 99, 103,
115, 118, 128, 148
NetConnectionID プロパティ ........................................ 41
NetConnectionStatus プロパティ ................................. 43
NetEnabled プロパティ .................................................. 43
Network Configuration Operators グループ.................. 3
NetworkAddresses プロパティ ...................................... 46
NextHop プロパティ ...................................................84, 86
NoFragmentation プロパティ ......................................152
NoRecursion プロパティ ...............................................115
NoRefreshInterval プロパティ .....................................120
NotifyServers プロパティ .............................................121

Notify プロパティ ....................................... 120
NumberOfFiles プロパティ ........................... 98
NumberOfUsers プロパティ .......................... 98
NumForwardPackets プロパティ ................... 59

**[O]**

OwnerName プロパティ .............................. 130

**[P]**

Param ブロック .......................................... 159
PartComponent プロパティ ................. 128, 129
Path プロパティ ......................................... 103
Paused プロパティ ..................................... 121
PauseZone メソッド ................................... 124
PermanentAddress プロパティ ..................... 46
PhysicalAdapter プロパティ ......................... 40
ping コマンド ............................................ 151
PMTUBHDetectEnabled プロパティ ............. 62
PMTUDiscoveryEnabled プロパティ ............. 62
PowerManagementCapabilities プロパティ ............... 45
PowerManagementSupported プロパティ ................... 45
PowerShell ................................................... 8
PowerShell スクリプト ............................... 156
PrimaryAddressResolutionStatus プロパティ ...........152
PrimaryOwnerContact プロパティ .............. 150
PrimaryOwnerName プロパティ .................. 150
ProductName プロパティ .............................. 40
ProtocolAddressResolved プロパティ ..........152
ProtocolAddress プロパティ ........................152
Protocol プロパティ ..................................... 86
PseudoStreamOriented プロパティ ............... 94
ps1 ファイル ....................................... 156, 192

**[R]**

RecordClass プロパティ .............................. 130
RecordData プロパティ ............................... 130
RecordRoute プロパティ ..............................152
RecursionRetry プロパティ ..........................115
RecursionTimeout プロパティ ......................115
RefreshInterval プロパティ ......................... 120
Register-WmiEvent コマンドレット ............. 88
ReleaseDHCPLeaseAll メソッド .................. 64
ReleaseDHCPLease メソッド ........................ 64
ReloadZone メソッド ..................................124
Remove-Item コマンドレット ........................ 8
RenewDHCPLeaseAll メソッド ..................... 64
RenewDHCPLease メソッド .......................... 64

ReplyInconsistency プロパティ ....................152
ReplySize プロパティ ..................................152
ResetSecondaries メソッド ..........................124
Reset メソッド ............................................ 50
ResolveAddressNames プロパティ ...............152
ResourcesOpened プロパティ ..................... 100
ResponseTimeToLive プロパティ .................153
ResponseTime プロパティ ...........................153
ResumeZone メソッド .................................124
Reverse プロパティ .....................................121
Roles プロパティ ........................................ 150
root（名前空間）........................................ 20
RootHints .................................................. 126
RoundRobin プロパティ ...............................115
RouteRecordResolved プロパティ ................153
RouteRecord プロパティ ..............................153
RpcProtocol プロパティ ...............................116

**[S]**

SameElement プロパティ .............................. 87
ScavengeServers プロパティ ........................121
ScavengingInterval プロパティ .....................116
SecondaryServers プロパティ ......................121
SecureResponses プロパティ .......................116
SecureSecondaries プロパティ .....................121
SendPort プロパティ ...................................116
ServerAddresses プロパティ ........................116
ServiceName プロパティ .........................41, 58
SessionType プロパティ ..............................100
SetArpAlwaysSourceRoute メソッド ............ 70
SetArpUseEtherSNAP メソッド .................... 70
SetDatabasePath メソッド ............................ 69
SetDeadGWDetect メソッド ......................... 70
SetDefaultTTL メソッド ................................ 71
SetDNSDomain メソッド ............................. 65
SetDNSServerSearchOrder メソッド ............. 65
SetDNSSuffixSearchOrder メソッド ............. 65
SetDynamicDNSRegistration メソッド .......... 65
SetForwardBufferMemory メソッド .............. 71
SetGateways メソッド .................................. 68
SetIGMPLevel メソッド ................................ 72
SetIPConnectionMetric メソッド .................. 68
SetIPUseZeroBroadcast メソッド .................. 72
SetKeepAliveInterval メソッド ..................... 72
SetKeepAliveTime メソッド .......................... 72
SetNumForwardPackets メソッド ................. 71
SetPMTUBHDetect メソッド ........................ 73

207

SetPMTUDiscovery メソッド ........................... 73
SetPowerState メソッド .................................. 50
SetShareInfo メソッド .................................. 107
SetTcpipNetbios メソッド .............................. 74
SetTcpMaxConnectRetransmissions メソッド ........... 72
SetTcpMaxDataRetransmissions メソッド ............... 72
SetTcpNumConnections メソッド ...................... 75
SetTcpUseRFC1122UrgentPointer メソッド ... 75
SetTcpWindowSize メソッド ........................... 75
Set-ExecutionPolicy コマンドレット .................. 191
Set-NetFirewallSetting コマンドレット ............... 143
Set-WmiInstance コマンドレット ..................... 170
SetWINSServer メソッド ................................. 69
ShareName プロパティ .................................. 98
Show-NetFirewallRule コマンドレット .............. 145
Shutdown プロパティ .................................. 121
SourceRouteType プロパティ ........................ 153
SourceRoute プロパティ .............................. 153
Speed プロパティ ....................................... 46
StartScavenging メソッド ............................. 117
StartService メソッド .................................. 117
StatusCode プロパティ ................................ 153
StatusInfo プロパティ .................................. 43
Status プロパティ ....43, 84, 87, 95, 98, 100, 103, 150
StopService メソッド .................................. 117
StrictFileParsing プロパティ .......................... 116
StringValue プロパティ ............................... 128
SupportsBroadcasting プロパティ .................... 95
SupportsConnectData プロパティ .................... 95
SupportsDisconnectData プロパティ ................. 95
SupportsEncryption プロパティ ...................... 95
SupportsExpeditedData プロパティ .................. 95
SupportsFragmentation プロパティ .................. 95
SupportsGracefulClosing プロパティ ................ 95
SupportsGuaranteedBandwidth プロパティ ......... 95
SupportsMulticasting プロパティ ..................... 95
SupportsQualityofService プロパティ ................ 95
SystemElement プロパティ ............................ 87

## [T]

TcpMaxConnectRetransmissions プロパティ ........... 61
TcpMaxDataRetransmissions プロパティ ............... 61
TcpNumConnections プロパティ ...................... 62
TcpUseRFC1122UrgentPointer プロパティ ............ 62
TcpWindowSize プロパティ ............................ 62
Test-Connection コマンドレット ..................... 151
TextRepresentation プロパティ ....................... 131

TimeOfLastReset プロパティ ........................... 43
Timeout プロパティ .................................... 154
TimeStampRecordAddressResolved プロパティ ......154
TimeStampRecordAddress プロパティ ................154
TimeStampRecord プロパティ .........................154
TimeStampRoute プロパティ ..........................154
TimeStamp プロパティ .................................131
TimeToLive プロパティ ................................154
TransportName プロパティ .............................101
TTL プロパティ ..........................................131
TypeofService プロパティ ..............................154
Type プロパティ .....................................87, 104

## [U]

UpdateFromDS メソッド ...............................124
UpdateOptions プロパティ .............................117
UseNBStat プロパティ ..................................121
UserName プロパティ ...............................99, 101
UseWins プロパティ ....................................122

## [V]

Value プロパティ .......................................128
VBScript..........................................156, 157
Version プロパティ .....................................117

## [W]

WBEM ................................................... 12
Where-Object コマンドレット ....................... 9, 37
Win32_ActiveRoute クラス ............................ 87
Win32_ActiveRoute クラスのプロパティ ............... 87
Win32_ConnectionShare クラス ......................101
Win32_ConnectionShare クラスのプロパティ .......101
Win32_IP4PersistedRouteTable クラス ............... 83
Win32_IP4PersistedRouteTable クラスのプロパティ
.............................................................. 83
Win32_IP4RouteTableEvent クラス ................... 88
Win32_IP4RouteTable クラス ......................... 84
Win32_IP4RouteTable クラスのプロパティ ............. 85
Win32_NetworkAdapterConfiguration クラス........... 52
Win32_NetworkAdapterConfiguration クラスの
    プロパティ ......................................... 53
Win32_NetworkAdapterConfiguration クラスの
    メソッド ............................................. 63
Win32_NetworkAdapterSetting クラス.................. 82
Win32_NetworkAdapter クラス......................... 38
Win32_NetworkAdapter クラスのプロパティ .......... 39
Win32_NetworkAdapter クラスのメソッド .............. 46

索引

| | |
|---|---|
| Win32_NetworkClient クラス ............ 88 | 関数定義 ................................. 9 |
| Win32_NetworkProtocol クラス ............ 89 | キャッシュ ............................. 125 |
| Win32_NetworkProtocol クラスのプロパティ ... 90 | 共有リソース ..................... 101, 102 |
| Win32_NTDomain クラス ................ 148 | 共有リソースへの接続 ...................... 97 |
| Win32_NTDomain クラスのプロパティ ... 148 | クライアント ............................ 88 |
| Win32_PingStatus クラス ............... 151 | グループポリシー ......................... 4 |
| Win32_PingStatus クラスのプロパティ ... 152 | コード証明書 ........................... 191 |
| Win32_PrinterShare クラス ............. 101 | コード署名 ............................. 156 |
| Win32_PrinterShare クラスのプロパティ ... 101 | |
| Win32_ProtocolBinding クラス ............ 96 | **[さ]** |
| Win32_ProtocolBinding クラスのプロパティ ... 96 | システムレベルドライバー ................. 96 |
| Win32_ServerConnection クラス ............ 97 | 証明書 ................................. 191 |
| Win32_ServerConnection クラスのプロパティ ... 97 | 署名 .................................. 156 |
| Win32_ServerSession クラス ............... 99 | スクリプト ............................. 156 |
| Win32_ServerSession クラスのプロパティ ... 99 | スクリプトファイルを実行 ................. 195 |
| Win32_SessionConnection クラス .......... 102 | セッション ......................... 99, 102 |
| Win32_SessionConnection クラスのプロパティ ... 102 | ゾーン ................................. 119 |
| Win32_Share クラス ................... 102 | |
| Win32_Share クラスのプロパティ ........ 103 | **[た]** |
| Win32_Share クラスのメソッド .......... 104 | ディスク ............................... 102 |
| WinRMRemoteWMIUsers__ グループ ........ 3 | ドメイン ................. 118, 129, 148 |
| WINSEnableLMHostsLookup プロパティ ...... 62 | |
| WINSHostLookupFile プロパティ ............ 62 | **[な]** |
| WINSPrimaryServer プロパティ ............. 62 | 名前空間 ................................ 17 |
| WINSScopeID プロパティ ................ 62 | ネットワークアダプター ............. 38, 51, 96 |
| WINSSecondaryServer プロパティ ........... 62 | ネットワークアダプターの構成情報 ........ 52 |
| wmic コマンドレット ................... 12 | ネットワーク設定 ........................ 38 |
| WMI オブジェクト ...................... 20 | ネットワークプロトコル ............... 89, 96 |
| WMI クラス ............................ 17 | |
| WMI による変更 ....................... 169 | **[は]** |
| WriteAuthorityNS プロパティ ............ 117 | パラメーター処理（スクリプト）....... 158, 159 |
| WriteBackRootHintDatafile メソッド ...... 126 | ファイアウォール ....................... 137 |
| WriteBackZone メソッド ................ 124 | プリンター ........................ 101, 102 |
| wscript.exe ............................. 157 | プロセス間通信 ......................... 102 |
| WSH ................................. 156 | |
| | **[ら]** |
| **[X]** | リソースレコード .................. 129, 130 |
| XfrConnectTimeout プロパティ ............ 117 | リモートマシンに接続 .................... 26 |
| | ルーティング情報 ........................ 84 |
| **[Z]** | ルーティングテーブル .................... 87 |
| ZoneType プロパティ ................... 121 | ルート設定 ............................. 87 |
| | |
| **[あ]** | **[わ]** |
| 永続的 IP ルート ....................... 83 | ワークグループ ........................... 3 |
| | |
| **[か]** | |
| 確立されたセッション .................... 99 | |

## ■ 著者プロフィール

**嶋貫 健司（しまぬき・けんじ）**

ワンボードマイコンキットからコンピューターの世界に入って三十数年。長年コンピューター系技術書にも携わり、構築系 SE としてネットワークもまるっと含めて活躍中。

# ネットワーク管理に使う WMI

## PowerShell による Windows マシン管理

2016 年 9 月 10 日　　初版第 1 刷発行

| | |
|---|---|
| 著　者 | 嶋貫 健司 |
| 発行人 | 石塚 勝敏 |
| 発　行 | 株式会社 カットシステム |
| | 〒 169-0073　東京都新宿区百人町 4-9-7　新宿ユーエストビル 8F |
| | TEL（03）5348-3850　　FAX（03）5348-3851 |
| | URL　http://www.cutt.co.jp/ |
| | 振替　00130-6-17174 |
| 印　刷 | シナノ書籍印刷 株式会社 |

本書に関するご意見、ご質問は小社出版部宛まで文書か、sales@cutt.co.jp 宛に
e-mail でお送りください。電話によるお問い合わせはご遠慮ください。また、本書の内
容を超えるご質問にはお答えできませんので、あらかじめご了承ください。

■ 本書の内容の一部あるいは全部を無断で複写複製（コピー・電子入力）することは、法律で認められた
　場合を除き、著作者および出版者の権利の侵害になりますので、その場合はあらかじめ小社あてに許
　諾をお求めください。

Cover design　Y.Yamaguchi　　© 2016 嶋貫健司
Printed in Japan　ISBN978-4-87783-363-3

## ダウンロードサービス

このたびはご購入いただきありがとうござい
ます。
本書をご購入いただいたお客様は、著者の提
供するサンプルファイルを無料でダウンロー
ドできます。

ダウンロードの詳細については、こちら
を切ってご覧ください。

| |
|---|
| 有効期限：奥付記載の発行日より 10 年間<br>ダウンロード回数制限：50 回 |

注）　ダウンロードできるのは、購入された方のみです。
　　　中古書店で購入された場合や、図書館などから借り
　　　た場合は、ダウンロードできないことがあります。

キリトリ線